精霊カチーナとともに生きる

HOPI《ホピ》

「平和の民」から教えてもらったこと

天川　彩
Aya Tenkawa

徳間書店

≪ホピの写真について≫

ホピでは写真撮影が禁じられています。

しかし、長年にわたる交流のもと、
ホピ伝統派の皆様、並びに、ホピ文化局より
風景・人物の撮影及び本書への掲載許可を
特別にいただきました。
本書で紹介する写真は、ホピの文化や精神性を
正しく知っていただくためのものです。

本書で紹介している写真の撮影、複写、転載等は
固く禁じさせていただきます。

――――著者

Hopi land

≪ホピの大地≫

ホピの大地は、まさに天地創造の世界。
聳え立つメサ（台地）の上から見えるのは、
母なる大地の凄まじい力と、父なる太陽のおおらかさ。

© Aya Tenkawa

乾いた大地に真っ青な空。
荒涼たる大地の上に暮らすホピの人々は、
大精霊マサウと約束した謙虚なる生き方を、
ここで千年以上続けているのです。

太陽が大地を照らし雨雲が大地を濡らす。生きとし生けるものたちが、喜びに包まれる時間。

高速を降りて、どこまでも続く一本道をただひたすらに走る。その道の到着地、そこがホピの大地です。

ホピの居住地は砂漠の地。命に直結している「雨乞いの儀式」の後には、村の上に雨雲がわいて雨が降ります。

トウモロコシ畑は「平和の民」の象徴。
創造主や大精霊と約束をした生き方を、再確認する神聖なる場所。

朝陽、夕陽が輝く時間は、ホピの大地が幸せ色に染まります。

≪グランドキャニオン≫

世界屈指の景勝地グランドキャニオンは、ホピの聖地でもあります。WatchTowerと呼ばれる塔の壁には、ホピの画家フレッド・カボティによる「スネーククラン」の移住の物語やホピ族のシンボルマーク「HopiShield(ホピの盾)」などが描かれています。

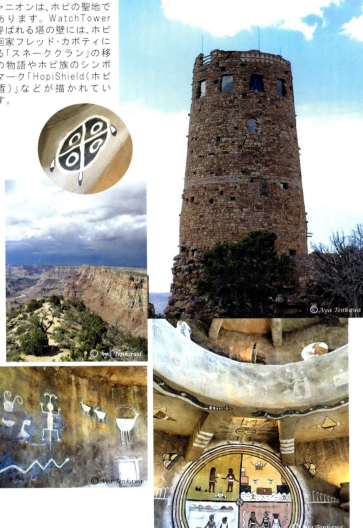

≪ホピ関連遺跡≫

チャコキャニオン
（チャコ文化国立歴史公園）

アメリカ最古の集落跡といわれ、ホピの祖先も暮らしていたとされるアナサジ遺跡の一つ。数多くの儀式用の部屋のほかに、天体観測などが行われていた形跡も残り、高度な文化がここにあったことを物語っています。

ウパトキ遺跡（ウパトキ国定公園）

12世紀から13世紀頃の住居跡などが見られる遺跡で、ホピ族の祖先も暮らしていたとされます。サンセットクレーター（火山）国定公園が近くにあることから、火山噴火により人が住めなくなったともいわれています。

ペトログラフ（岩絵）

ホピの人々が現在の地に辿り着くまで、クラン（氏族）ごとに移動してきた痕跡がさまざまな場所に点在する岩に描き記されています。今でもホピの人々は祖先の旅路を偲ぶように、時折、ペトログラフが描かれた地に通い続けています。

Katsina

≪カチーナ≫

ホピでは、自然界の現象や惑星、動植物など
多様な姿で現れる精霊をカチーナと呼びます。
儀式の時にはキヴァと呼ばれる聖域で
カチーナと一体となり、歌をうたいダンスを踊り、
森羅万象からパワーを授かったホピの人々は、日々、
謙虚に平和を祈りながら暮らしているのです。

その精霊のスピリットを宿していると考えられているカチーナ人形は、
儀式の時に子どもたちに手渡され、その後家宝として家に飾られます。
今では、平和のスピリットを伝える尊い芸術品として世界中で愛されています。

サン【SUN<TAWA>】

太陽の精霊。ポワムと呼ばれる儀式やミックスダンスに登場。
生きとし生けるものすべてを見守り、人生に光を与えてくれる存在。

ソツクナング【SOOTUKWNANGW】

自然現象を司る精霊。神話に登場するタイオワ（太陽）の甥。
無から有を生み出し育む存在。

エオトト【EOTOTO】

チーフの精霊。冬至の儀式に登場。
魔法の水筒を持ち、先頭に立って導く父的存在。

モナンギャ【MONONGYA】

クビワトカゲの精霊。ミックスダンスに登場。
夢や希望が叶うようサポートしてくれる存在。

アロサカ【ALOSAKA】

２本角の神格化した精霊。

通過儀礼の時に登場し、魂の成長を促す。萌芽、発芽の神ともいわれ、喜びの種をまき、幸福な人生へサポートする存在。

バジャー【BAJAR】

アナグマの精霊。
薬草で病を癒やした神話に登場し、病を癒やし叡智を授けてくれる存在。

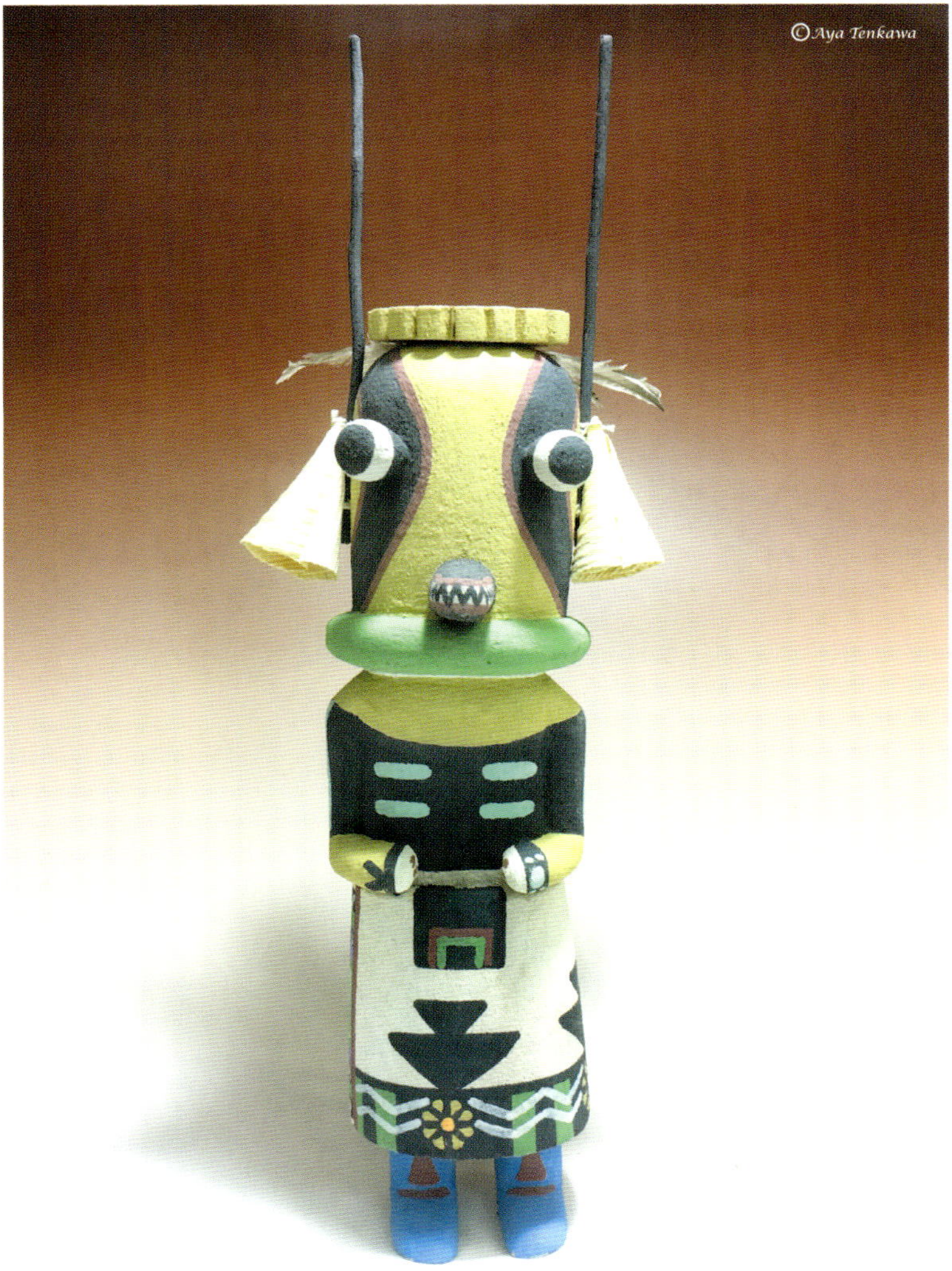

モ　モ【MOMO】

マルハナ蜂の精霊。ミックスダンスや夜中に行われる
水蛇の儀式の時に登場。人生に刺激を与え、チャンスを運び
目標が叶うようサポートしてくれる存在。

ヘミス【HEMIS<NIMAN KATSINA>】

カチーナたちが山に帰る時の先導役の精霊。
ニーマンと呼ばれるホームダンスの時に登場。
人生の幸せと発展を祈り、成功へと導いてくれる存在。

カチンマナ
【KACHIN'MANA】

黄色いトウモロコシの女の子の
精霊。ホームダンスにヌバマナ
などと共に登場。実り豊かな人生を
サポートしてくれる存在。

ホーホーマナ【HOHO MANA】

矢の女の子の精霊。ホームダンスの時、
ヘミス(右写真)に付き添い登場。
実り多き人生になるよう、
幸せを共に祈り見守ってくれる存在。

ユンガ【YUNGA】

サボテンの精霊。乾いた大地における
清らかな水の恵みを象徴する。
人の心に潤いをもたらし、
清らかな心にしてくれる存在。

フロッグ【FROG＜PAQUA＞】

カエルの精霊。儀式の時、カエルの鳴き声に
模した音を出し、雨雲を呼ぶ。
人生に恵みと祝福を与える存在。

バタフライマナ
【BUTTERFLY MANA】

蝶の乙女。チャンスを運び
美しく実りある人生の結実を祈る精霊。

マストップ【MASTOP】

女性が産み出す力をサポートする精霊。
ソヤルという儀式に登場。頬に描かれた点は
星々を表わし宇宙のエネルギーとも繋がる存在。

コーニンカチーナ【KONIN KATSINA】

ホピの聖地でもあるグランドキャニオンからやって来た精霊。
異文化コミュニケーションを司ってくれる存在。

北アリゾナ博物館での
「ホピ・フェスティバル」にて

ホピの居留地から南西に170km離れた町·フラッグスタッフにある
北アリゾナ博物館では、年に一度『ホピ·フェスティバル』が行われます。
ホピの地では、儀式の写真は厳禁ですが、この時だけは
デモンストレーションによる再現のため、撮影が許可されています。

※上段の写真と比較すると、ダンサーたちとカチーナ(ドール)の姿が同じである、ということがよくわかります。

All photo by Aya Tenkawa

旅立つカチーナたち

カチーナを迎え入れる人とカチーナの間には、
目に見えない縁があるようで……
迎え入れたその日から、それぞれの物語が始まります。

カチーナを迎え入れた日

ホピの大地から、はるばる日本にやってきた、山猫の精霊Hototoカチーナ。
壁に掛けたばかりのカチーナに、さっそく語りかけます。

Hopi art

≪ホピジュエリー≫

ホピジュエリーには、すべて祈りの文様が刻み込まれています。

写真のバングル（腕輪）の中心には
「Man in the Maze」、通称メイズと呼ばれる文様があり、
「人生は迷路のようなものだが、必ず創造主が見守り導いてくれる」
という意味が刻み込まれ、サイドには命を活性化させる精霊ココペリや、
幸せを運ぶハミングバードが刻まれています。

ホピジュエリーは、主に「オーバーレイ」という独特の手法で作られています。これは、シルバーの板を髪の毛より細い糸鋸でカットし、酸化させたシルバーと合わせて、文様を浮かび上がらせるもので、どれも芸術作品のようです。

「トゥファ・キャスト」と呼ばれるホピジュエリー。これは、聖山サンフランシスコ・ピークスの火山灰が固まった石にデザインを彫り、そこにシルバーを流し込んで作るもの。ターコイズなどと組み合せることも多く、独自の風合いがあります。

≪ポタリー（壺）≫

ホピアートの一つ。ホピポタリーと呼ばれる焼き物は、
文様そのものに祈りの意味合いが込められています。
小さな壺には種を入れ、文様の力で発芽を促すともいわれています。

All photo by Aya Tenkawa

≪ホピバスケット≫

ホピバスケットには、ユッカという葦のような植物をコイル状に巻きあげた平面状のものや、編み込んだものなどがあります。村によって手法が若干異なりますが、芸術的な要素が高く、染めたユッカでカチーナや動物、さまざまな幾何学文様などが表わされています。秋に行われるウーマンソサエティのお祭りではバスケットダンスも行われます。

≪ホピ絵画≫

ホピアーティストによる絵画作品。

ホピのカチーナはエルメスのスカーフにも描かれ、世界中の人々から愛されていることがうかがえます。

≪ホピのアーティストたち≫

ホピの人々は、世界の平和を祈り、
手にする人々の幸せを祈りながら
それぞれのアート作品を
生み出しています。

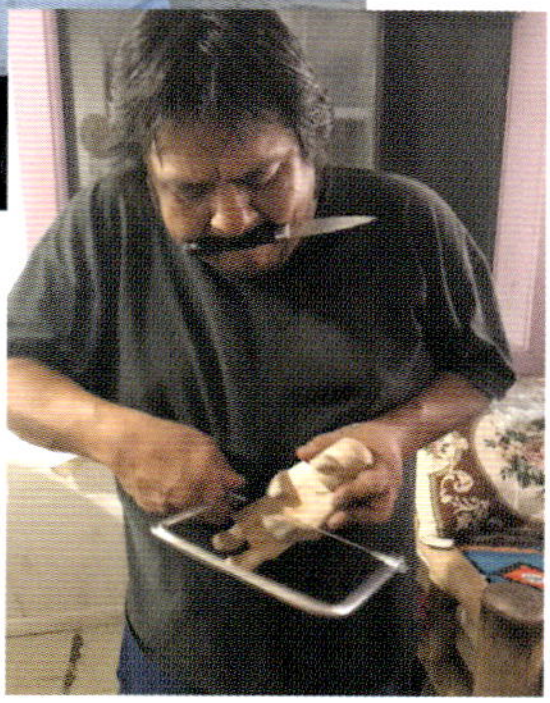

All photo by Aya Tenkawa

Hopi life

≪ホピの生き方≫

model：JoAnnika Honwytewa
photo by Yvette Talaswaima

ホピの人々は儀式の時、伝統衣装を身にまといます。
未婚女性は特別な儀式の時には、伝統衣装と共に
「ポリィ」と呼ばれる髪型を祖母や母親に結い上げてもらいます。
古来から今に続く伝統は脈々と受け継がれています。

乾いた大地と青い空の下に広がる、コーンフィールド。
この景色の中で、ホピの人々は世界の平和を祈りながら、
心豊かに暮らしています。

≪ホピの暮らし≫

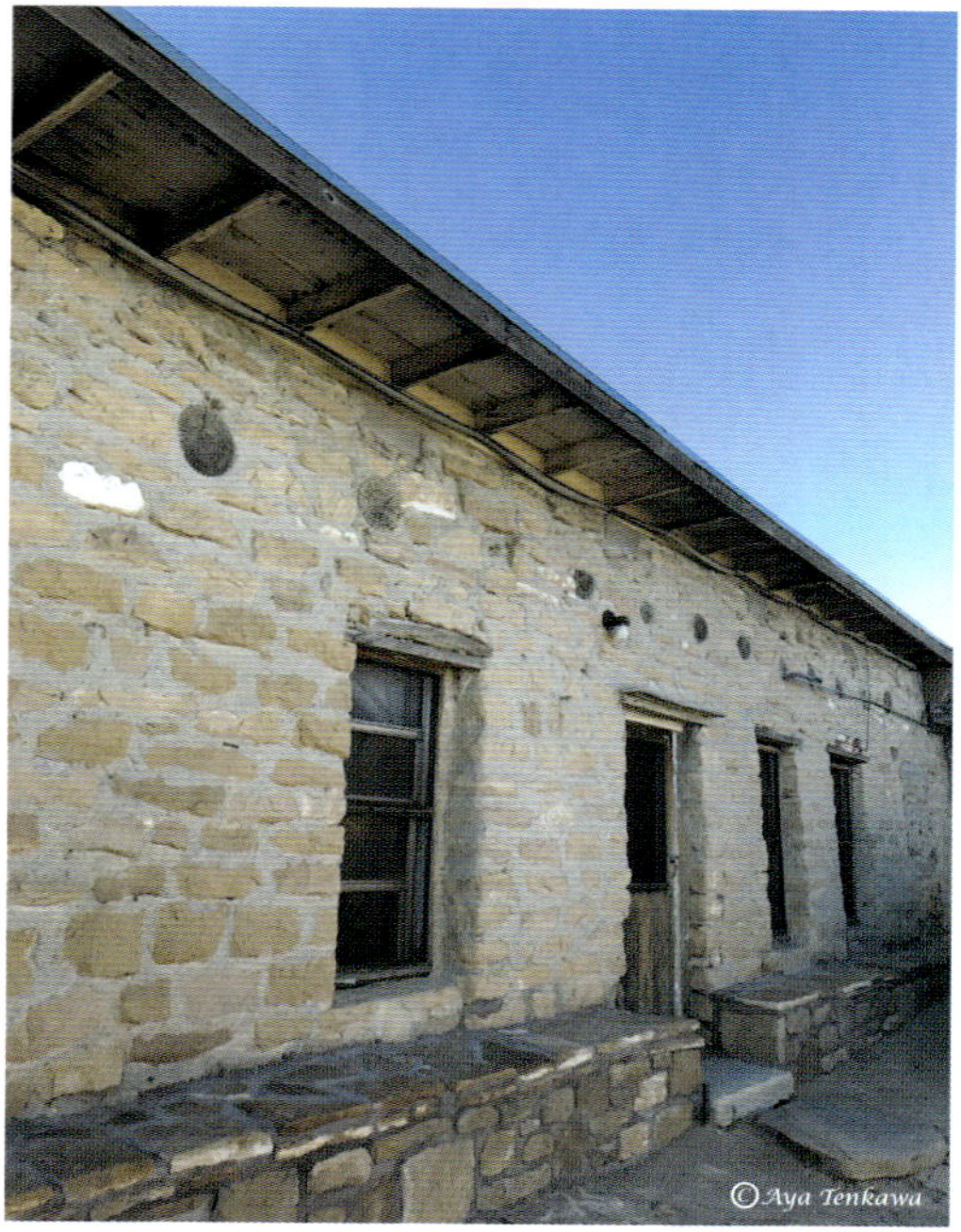

伝統的な石造りの家。今はブロック造りやトレーラーハウスなどが
増えてきましたが、こうした伝統的な家も数多く残っています。

玄関前の壁や、家の中に吊るされた４色のコーン。
白、黄、赤、黒（青または紫）は、人種の肌の色や
方向を表すといわれています。

どの家庭でも、カチーナやバスケットなどのホピアートが、
壁に美しく飾られています。

冬場、ストーブを点ける前には杉の葉を上に置き、清めをします。
火が入ると、杉の葉の良い香りが家中に広がります。

ホピの聖山『サンフランシスコ・ピークス』。
精霊カチーナたちは、冬至になるとこの山から
ホピの大地に向かい、ホピの人々と共に半年過ごします。
夏至が過ぎた頃、カチーナたちは再びこの山に戻り、
ホピの人々を山の上から見守っているのです。

はじめに

「平和の民」という意味を持つホピ族は、アメリカ最古の先住民族といわれています。人口は、わずか９０００人あまりと、アメリカ先住民の中でも少数民族の部類に入りますが、彼らほど有名なアメリカ先住民はいないといっても過言ではないかもしれません。

なぜ、それほどホピ族は広く世界中に知られ、また、なぜ彼らは平和の民と呼ばれているのか。それは、彼らが1万年以上前から創造主と約束をした「人間らしい平和的生き方」を今なお実践し、数千年以上にわたり世界の平和を祈るための儀式を続けている人々であるからにほかならないからです。

彼らは精霊信仰の中で生きています。アニミズム信仰という点では、日本人が八百万《やおよろず》の神々と共にあるのと近いかもしれません。しかし多くの日本人が今、日常の中では、神々の存在をどこかぞんざいに扱っているのとは異なり、彼らはその存在を信じきって暮らしています。そして、その精霊から伝えられたとされる、ホピに伝わる予言が１９７６年、国連総会において発表されたことで、彼らの存在が世界中の人々に知られることとなったのです。この門外不出だった予言を世界に発表したのは、予言の一部に、日本の広島・長崎で落とされた原爆について触れられていたからだといいます。

ホピのことを知らない人からすると、にわかに信じがたい話かもしれません。しかしそれは紛れもない事実なのです。もちろん、彼らは現代文明から隔離された世界に生きているわけではありません。車にも乗り、最新チャートの音楽も聴き、インターネットで瞬時に世界中の情報を得てもいます。彼らのアートは世界的に評価されていることから、作者たちは世界中に出向くこともあり、大金を得ることもあります。ただ、そこで得たお金は自分たちの生活を物質的に豊かにするために使うのではなく、質素な生活を送りながら、世界の平和を祈るための儀式に使うのがホピなのです。彼らにとって最も価値あることは、人として尊い生き方を貫くことです。

その原点となっているのが彼らに伝わる神話です。

ホピの神話では、私たちは今、第４の世界を生きているといわれています。過去３回の世界では、人間が傲慢になり、愚かな戦争や環境破壊を繰り返したことにより、大いなる浄化が行われ、その世界が終焉を迎えています。最初の世界は火（火山）、第2の世界は氷（氷河期）。そして第3の世界は、旧約聖書のノアの箱舟の物語と同様に、世界中で大雨による大洪水が起こり、水に覆い尽くされたといわれています。そして水が引き第4の世界、つまり今の世界に移動した時、ホピの人々は創造主と約束した大地に向かう長旅をするのです。

約束の大地である今のホピの居留地に辿り着いた彼らは、人類がこれまで同様の過ちを繰り返さないよう、創造主の使いである大精霊と世界の平和を祈る儀式を続ける約束をします。その時に精霊から受け取った予言が刻まれた石板（一部）が、今もホピの地に存在し、その片割れを白い兄と呼ばれる人物が持っているといわれています。

私たちの国は、先の世界大戦で世界で唯一の原爆被害国となり、さらには津波による原子力発電所の事故に遭いました。いわば、神からの警鐘を、どの国よりも大きく受け取りました。しかし経済優先型の競争社会の中にあっては、その警鐘に気づく人も少ないかもしれません。

世界は今、再び愚かな戦争へ足を踏み出すかもしれない危機的状況にあります。次に戦争が起これば間違いなく核戦争となるでしょう。しかし、諦めるのはまだ早いと私は思います。日本人には、一万数千年続いた縄文時代という歴史があり、平和の民としてのスピリットが眠っているはずです。そのスピリットを呼び起こすのは、ホピの人々の声なのではないかと私は思っています。日本人がホピの神話に残る、石板の片割れを持つ白い兄であるかはわかりません。でも、ホピの人々は、私たち日本人のことを、世界を平和の道に軌道修正させる兄弟だと思っています。

地球が滅びる前に、多くの日本人が、自分たちも「平和の民」であったことを思い出す、そんなきっかけの一冊になればと私は思っています。

天川　彩

HOPーホピ◉もくじ◉

第2部

ホピと私の物語

第3部

ホピ「平和の民」からの伝言

❶ホピという生き方　*142*

・伝統を守り暮らした祖父からの教え
・ホピ本来の伝統的な暮らしを実践するわけ
・大精霊マサウとともに今も生きる
・子どもの時から学ぶ、ホピの伝統的生き方
・ネイティブ・アメリカンの文化の根底にある、地球に対する畏敬の念
・平和を祈るホピから、日本の人々へ
・ホピの原点は、祈りにあります
・ホピの女性の生き方
・カチーナには精霊が宿る
・伝統アートを受け継ぐ者として
・クランマザーとして生きる
・伝統的な生き方の守り人

装幀　タナカアキコ
本文デザイン　浅田恵理子
イラスト　あさい亭子
写真　天川　彩

第1部

平和の民・ホピ族

1 ホピの大地と神話

ホピの大地

ホピの居留地は、アメリカ南西部に広がるコロラド高原にあります。コロラド高原は、ユタ州・コロラド州・ニューメキシコ州・そしてアリゾナ州の4つの州にまたがる総面積33万7000平方キロメートル、日本の総面積の約9割にあたる巨大岩盤の高原で、その一角には、世界屈指の景勝地グランドキャニオンがあります。グランドキャニオンは、ホピの聖地の一つともいわれていますが、そこから東におよそ150キロメートル、アリゾナ北部の砂漠地帯にホピの大地は広がっています。

平均海抜は2000メートル。富士山の5合目とほぼ同じ標高にあり、夏は灼熱、冬は雪と氷に閉ざされます。さらに年間の平均降水量はわずか250ミリという、大変厳しい環境に身を置いています。

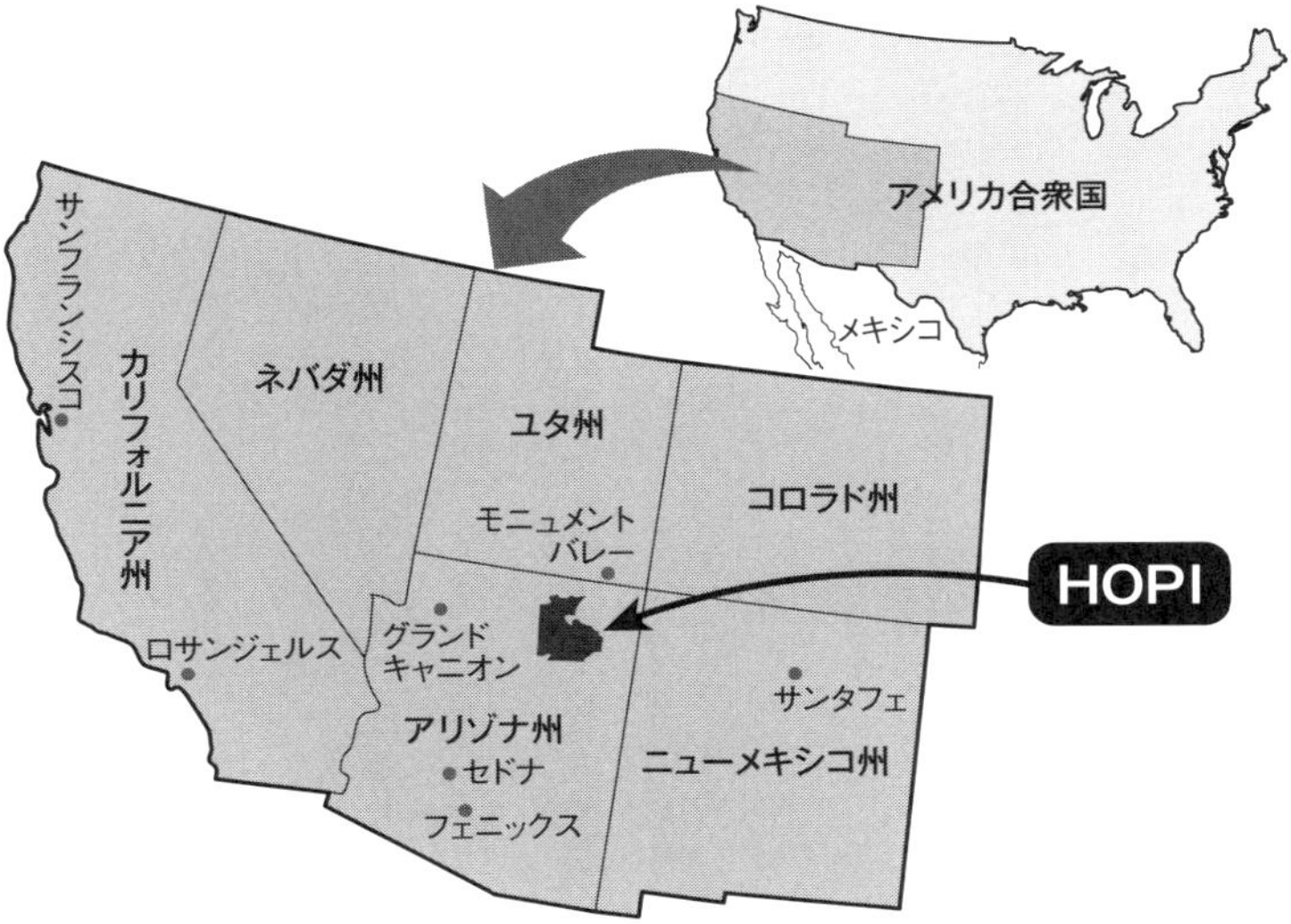

ホピの人々は、そんな過酷な自然環境に屈することなく、古来よりこの地で心豊かに過ごしてきました。この大地は、彼らにとって、創造主に導かれ遥かなる旅路の末に辿り着いた永遠の地であり、平和を祈る地球の中心でもあるのです。古より守り続けている儀式がこのホピの大地で行われ続けている限り、彼らの心は枯れることがありません。

ホピの神話

ホピの人々の生活は、すべて彼らの神話がベースとなっています。彼らにホピはいつこの地にやって来たのかを聞くと、ほぼ全員が神話を織り交ぜながら答えてくれるでしょう。

それだけホピの人々にとっては神話が重要であり、ホピのことを知るには、まず神話を知ることが必要不可欠なことです。

しかしホピは村ごと、氏族（クラン）ごとに、伝わっている神話が若干異なります。また、ホピ族の神話として公式にまとめられたものもありません。

そこで、これまで研究者などが聞き取りをして書籍などに紹介してきた話や、ホピの一部の村で紹介されていた話、私がホピの友人から教えてもらった話などをわかりやすく一つの物語としました。この話が、ホピ族すべてに伝わるものではないことを予めご了承ください。

ホピの神話・人類の誕生

創造主「タイオワ」は、始まりも終わりもない空間にいました。

タイオワは無から有を創り出し、最初に宇宙の秩序を整える役割として「ソックナング」を創り出します。ソックナングは、宇宙空間に惑星や星々を創り出しますが、創造主タイオワのために「太陽」を創り、さらに地球を創り出します。そして地球の最初のものとして蜘蛛女「スパイダーウーマン」を生み出します。

　スパイダーウーマンは、地上の土を手に取ると、自分の唾液と混ぜてさまざまなものを生み出しますが、最初に創ったのが、双子の兄弟、ポカングホヤとパロンガウホヤでした。ポカングホヤには、地球上にあるものに動きを与える役割を与え、パロンガウホヤには、地球上にあるものに音を出すよう命じるのです。その役割を二人が遂行すると、今度はポカングホヤを北極、パロンガウホヤを南極へ遣わせ、それぞれ地球の地軸を支え、正しく地球が自転するよう命じました。

　スパイダーウーマンは、それから地上に、動物や植物、鳥などさまざまな生き物たちを生み出しました。ほぼすべて創り終えた時、その姿を見ていたタイオワから、スパイダーウーマンは、人間を創り出すよう命じられます。

　スパイダーウーマンは、「赤、黄、白、黒」の４色の土を集め、ケープをかけて祈りました。すると、ソツクナングそっくりの４人の色の異なる人間の男が現れました。スパイダーウーマンは再び同じことを行いました。すると、今度は色の異なる４人の女が現れました。しかし、誰も語ることも考えることもできなかったので、スパイダーウーマンは、大宇宙にいるソックナングに来てもらいました。

ソックナングは、人間の肌の色の違いで異なる言語を与え、知恵と生殖能力を与えました。そして、こう伝えたのです。

「創造主でありあなたたちの父・太陽は、この世界を与え、あなたたちの母・大地は、あなたたちに命を授けました。それは、あなたたちが幸せになるためです。でも、そのためには、ただ一つあなたたちが守らなくてはならないことがあります。それは、いついかなる時も、知恵を持ち、互いに調和し、そして創造主の心を尊ぶことです。決してそれを忘れてはなりません」

こうして命を授かった人間たちは、それぞれ好きな場所で暮らし始めるのです。最初は話さずとも互いを理解し合い、調和し合い、動植物とも同調し合いながら生きていました。しかし、次第にソックナングとの約束を忘れるものが現れるようになり、平和が乱されてきたのです。

創造主はスパイダーウーマンに、命の意味がわかる少数のものたちを探し、蟻人間がいる地下世界に移動させるよう伝えました。スパイダーウーマンが指示に従うと、創造主から遣わされたソックナングがやってきて大地の火の蓋を外しました。火山という火山が爆発し、第1の世界は火で覆い尽くされて終わりました。

創造主は今度こそ、すべての命が喜びに満ちた世界になるよう第2の世界を創りました。命あるものたちは、その世界で幸せに暮らしていました。しかししばらくすると、他のものの幸せを妬み、奪い、憎しみを持つものが現れ始めます。

創造主は、スパイダーウーマンに嫉妬や争い、憎しみの心を持たない、ほんの少しのものたちを探し、再び蟻人間がいる安全な地下世界に移動させるよう伝えました。そして地球の北極と南極の両軸を支えていた双子の兄弟、ポカングホヤとパロンガウホヤに、持ち場を離れる準備をするよう伝えました。そして、創造主から遣わされたソツクナングがやってきて双子の兄弟に合図を送ると、地球は途端にバランスを失い、第2の世界は氷で閉ざされました。

創造主は、次こそすべてのものが幸せになるよう、第3の世界を創りました。第3の世界では、大都市や国家も作られるようになり、人間が知恵と工夫をこらした社会を作っていました。中には嫉妬や争い、憎しみの心を持つものがいましたが、そのような心にならないものも大勢いました。すると、魔が忍び寄ってきて、多くの人に邪悪な心を芽生えさせようと画策し始めたのです。知らず知らずのうちに心に魔が入り、邪悪な心を持つ人が増えていき、世界には憎しみと争いが絶えなくなってしまいました。

創造主は、スパイダーウーマンに、最後まで心に魔を入れなかったものたちだけを集めて、葦で大きな空間を作り、それぞれ足りるだけの食糧を持ってその中に入らせるよう伝えました。集められたものたちが、大急ぎで葦で大きな空間を作っていると、ソックナングがやってきて、スパイダーウーマンにもこれからの世話役として中に入るよう命じたのです。

扉が閉じられると、ソックナングは世界の水の栓を抜きました。すると幾多の大津波が地上を襲い、降りやまぬ雨で世界中が大洪水となり、第3の世界は水に覆われました。

スパイダーウーマンは葦の空間の中で人々の世話をしましたが、ソックナングの合図で外に出てみると、水が引いていました。スパイダーウーマンが葦の中にいた人々を外に導くと、そこには天上に続く長い階段が現れていました。スパイダーウーマンから促された人々が階段を上がってみると、そこには創造主の使いである大精霊マサウがいました。人々は救われた思いで「私たちもそこに住んでもいいですか？」と聞いてみると、マサウは「本当に良い心を持った人たちだけ受け入れましょう。でも、ここに辿り着くためには、困難を要する長い旅路に出る必要があります」と言い、人々に階段の下へと降りて旅を始めるよう伝えたのです。

偉大なる旅

創造主は、いよいよすべてのものが幸せになれるよう、第4の世界を創りました。皆が一斉に旅下に降りた人々をスパイダーウーマンはさまざまな部族に分けました。そして口にたく立とうとしたその時、創造主の使いとして、ツグミが飛んできました。そして口にたくさんくわえていたトウモロコシの種を大地に置くと、「どれか一つ選び、その種とともに生きていきなさい」と告げたのです。

それぞれ部族のリーダーに選ばれたものたちは、できるだけ大きく立派な種を選ぼうと吟味し、次々と選んでいきました。最後に残ったのは幾つかの小さなブルーコーンの種でした。それを手に取った部族のリーダーたちにツグミは言いました。

「このトウモロコシには、進む道に困難なことがあろうとも、末永く繁栄するという祈りが込められています。どんな時も、このトウモロコシと共にあれば、あなたたちは逆境を乗り越えて生きていくことができます」

そして出発の準備が整ったとき、スパイダーウーマンが言いました。

「あなたたちは、これから長い旅に出ることになるでしょう。旅先で立ち止まった時、あなたたちはそこで村を作りなさい。その村で生まれ育った次の世代が旅に出る準備ができた時、その先までまた旅をして、立ち止まったら、またそこで村を作りなさい。あなたたちは、その繰り返しをしながら先に進むのです。

そして村を作ったところには、必ず岩に印をつけていきなさい。そうすれば、いつかあなたたちの子孫があなたたちの旅路を知り、彼の地までたどり着いた時には、それまでたどってきた村の足跡が、すべてあなたたちの大地だという証《あかし》になるでしょう。あなたたちが選んだブルーコーン、そして青い星があなたたちを必ず約束の大地へと導くでしょう。さぁ、出発しなさい」

こうして偉大なる移動の旅は始まりました。

ブルーコーンを手にした部族の中には、ココペリと呼ばれる笛を吹く精霊に先導され

ココペリが描かれたペトログラフ（岩絵）

た部族もいました。後に笛族と呼ばれる人々です。ココペリが持っている笛は、生殖の力を携えるもので、彼がひとたび笛を吹くと第3の世界で息絶えていたはずの多くの動植物たちの命が芽生え、彼らにも子孫が増えていきました。旅の途中で村を作った時には、スパイダーウーマンに言われたように、部族の印を岩に刻み、ココペリと旅をしている証として、ココペリの姿も岩に刻み込んでいきました。

そんなある時、旅の途中で大きな鷲に出会いました。鷲が「この者たちは何者なのか」と問いかけてきたので、ココペリが「創造主である天の父に導かれ、約束の大地へと向かっている人々である」と答えると、鷲はそれを確かめるためにさまざまな試練を彼らの先導役であるココペリに与え、問答を繰り返しました。ココペリがすべてクリアしたことに驚いた鷲は、「あなたが案内している人々は、真に創造主と約束をした人々であると見受ける。これから祈りをする時には、私の羽を使いなさい。私が創造主にその祈りを届けてあげよう」と言い残し、飛んでいきました。

ほかにも、さまざまな部族が偉大なる大移動の旅をそれぞれしながら、そしてその旅を岩に刻みながら進みました。

ブルーコーンの種を持ち、青い星に導かれながら旅をしてきた部族の中で、最初に約束の大地に着いたのは熊族と呼ばれる人々でした。その後、次々とブルーコーンを持った部族たちが、それぞれの旅を終えて約束の大地に辿り着いた時、彼らの前に大精霊マサウが再び現れました。マサウは、それぞれに旅の労をねぎらうと、4色のトウモロコシの種を渡し、「これらは世界中の肌の色の違う人々を象徴したものである。これからはこの大地でコーンを植え育てながら、世界の平和を祈り続けることがあなたがたの役割である」と伝えました。

さらに、マサウはこれからの未来を予言する石板を4枚手にすると、3枚の石板をまず熊族に手渡し、ホピのチーフとなりその石板を管理するよう伝えました。そして最後の1枚をおもむろに手で割ると、カタチを留めた石板を火族に渡し、小さな石となったものを一人の色の白い男に手渡し、言いました。「お前は、ホピの兄である。お前はこれからさらに、日出づるほうへと旅をしなさい。そして、これから始まる第四の世界が仮に危機的状況になった時、その石を持って弟であるホピのところに帰ってきなさい。この石板が1枚になり、そして4枚の石板が揃った時、世界の危機は救われるだろう」

カチーナたちとの出会い

こうして、ホピが石板の片割れを持って旅立っていく白い兄を見送ると、マサウは、1本の棒を持ってホピにこの大地でトウモロコシを植える方法を教えました。

ホピはマサウに教えられた通りに棒を使い、種を蒔《ま》き、トウモロコシを植え育てました。しかし、約束の大地は、砂漠の上にあり、生活をするのもままならない状態でした。

それを見ていたのが、ホピの大地から遠くに見える「サンフランシスコ・ピークス」という山に棲むカチーナ（精霊）たちでした。カチーナたちは、ホピが創造主との約束を守り、ようやくこの大地に辿り着いていたことは知っていましたが、当初は見守るばかりでした。しかし、水もほとんどない過酷な環境の中で、平和を祈りながら生きる彼らを、放っておくことはできませんでした。

こうして、山にいたカチーナたちが次々と、ホピの大地へとやってきたのです。動植物、昆虫などの姿を持ったもののほか、雨雲や雷雲、雨そのものを呼ぶために見たこともない姿で現れたものなど、それぞれの役割を担った精霊たちが、ホピの祈りの生活が整うようサポートしたのです。

さらに、創造主を称える祈りの歌を教え、ホピの大地に恵みの雨が降るように祈る、雨雲を呼ぶダンスなど、ありとあらゆることをホピに教えました。

ホピの暮らしは豊かなものとなります。しかしホピの人たちはいつしか、何でもサポートしてくれるカチーナたちを頼るようになってしまいました。そんなある時、カチーナたちから「これ以上サポートを続けていると、あなたたちは創造主と約束した生き方を忘れてしまうかもしれないので、そろそろ山に帰ります」と告げられるのです。

ホピは、彼らの存在そのものが大好きだったので、一緒にいて欲しいと懇願します。そこで、ホピとカチーナたちは話し合い、太陽が生まれる冬至の日に山からやってきて、

夏至の日まではホピにいて、夏至には山に帰って、冬至になるまでの間は山から見守っていると約束したのです。
「ただし、私たちは、もうあなたたちに見える姿では現れません。今、私たちの姿をすべて留めておきなさい。私たちと同じ姿で、同じ歌、同じ踊りを踊ったならば、私たちは、その姿にスピリットとして宿ります。また、私たちの姿を人形としても留めておきなさい。ハコヤナギの木の根を使い、色や形を私たちと同じ姿に作り上げたなら、私たちはその人形にもスピリットとして宿りましょう。
そして、その人形を子どもたちに手

渡しなさい。子どもたちが、私たちの存在を忘れないように。そして、その子が大人になった時、その子が守る家族のために私たちはサポートします。私たちが山に帰っている夏至から冬至の間は、人間は人間らしく祈りの儀式をしていきなさい」

そう言うと、カチーナたちはホピにさまざまな儀式を伝授し、装束やカチーナドールの作り方を教え、夏至のダンスを最後に山に帰っていったのです。

ホピは、こうした神話の物語をずっと子々孫々に伝え続けています。

2 ホピの信仰と儀礼

ホピの暮らしは、今も常に祈りと共にあります。

それぞれの村には、「キヴァ」と呼ばれる地下空間の聖礼所がいくつかあり、ソサエティ（結社）ごとに、異なるキヴァがあります。どういう取り決めで結社になっているのかは秘密とされ、外部に知らされることはありません。宗教的取り決めや準備、通過儀礼などの秘儀、宗教的に重要なことのほぼすべてがこの中で行われています。女性用のキヴァも各村に一つはあり、ウーマンソサエティの準備などは、その中で行われます。

キヴァの中は、同じ村の人でもソサエティ以外の人が立ち入ることはできませんし、もちろんホピ以外の人が入ることは固く禁じられています。また、誰がどのキヴァのソサエティに属するのかも秘密とされています。キヴァの地下空間から地上に突き出している梯子《はしご》は、ホピの神話の、第３世界から第４世界に上がってくる時の再現であるといわれ、地下空間は、母なる大地の子宮の中であるとされています。

また、各村の中心には、「プラザ」と呼ばれる広場があり、地上での儀式が行われます。儀式は1週間以上続くものもあり、開催の日程はそれぞれの村によって決められます。

プラザの儀式の中には、一般の人でも見学することが許されているものもありますが、ホピの儀式はとても神聖であり厳粛、厳格に行われています。ホピの人々にとって儀式は、その部族の存続、生活、命にすら関わることです。ですから見学者も彼らのルールに従わなければなりませんし、当然、儀式の写真撮影や録音・録画、スケッチなど、記録に残すことは一切禁じられています。

◆儀式とカチーナ◆

ホピでは聖なる精霊をカチーナと呼びます。

「ホピの神話」の項で詳述しましたが、カチーナは冬至から翌年の夏至までの間、聖山サンフランシスコ・ピークスからホピの村にやってきて、恵みの雨をもたらす歌を歌い、踊りを踊り、子どもたちにプレゼントを与え、ホピの人々にさまざまなサポートをすると信じられています。

本来、カチーナは精霊ですから目に見えない存在ですが、儀式では、カチーナのマスクをかぶってダンスをすることで、精霊と人間が一体となる「カチーナダンス」が行われます。この時、カチーナダンサーは「カチーナ」と呼ばれ、精霊として扱われます。

また、カチーナのスピリットと同体である人形としてその姿が留められているものがありますが、これらも「カチーナ」と呼ばれます。その違いは少しわかりにくいかもしれません。ここで、それぞれの違いを詳しく説明いたしましょう。

精霊カチーナ

まずは、目に見えない存在である「精霊カチーナ」です。

ホピの人々にとって、精霊カチーナとは、創造主と人間との中間の存在であり、超自然的なスピリットともいえる信仰の中心的存在です。

今もカチーナが、目に見えない精霊という存在としてホピの人々の間に根づいているといえるような経験を、私も何度かしたことがあります。

ホピの友人宅に行った帰りでした。お喋りに花が咲き、少し帰りが遅くなり、ドアを開けると既に外は真っ暗でした。外に出ようとした時、友人が急に声を弱めて「アヤ、こんな時間になってしまったから、今日はあっちの道は絶対に通ってはいけないよ。実は昨夜からあるソサエティ（結社）で、古い歌をずっとキヴァで歌っているようで、カチーナがたくさん集まって来ているんだ。夜のこんな時間にはカチーナが外にも出ているから、物音を立てたらダメだよ。とにかくそっと急いで帰るんだよ」と言われたことがあります。私はドキドキしながら一目散で宿の部屋まで帰り、その夜は一晩中、カチーナの存在が気になって仕方がありませんでした。

また別の時、別の友人宅に遊びに行った時のことです。

「実はね、昨日、大精霊マサウがこの前の道を通って行ったんだよ。彼が来たのは久しぶりで、驚いたよ」と言ったのです。

大精霊マサウの話は、神話上の話だと思っていたので、まさか普通の会話の中でリアルにマサウの名前を聞くとは思ってもいませんでした。私が「本当にあのマサウが来たの？」と驚いて問い直すと、彼は逆に驚いた顔で、「アヤ、何言っているの。マサウは、今もホピにいるよ。当たり前だよ」という返答でした。

ホピの地で、友人たちが話す精霊たちの話を聞いていると、本当にその存在をリアルに感じるのです。

カチーナダンス

しかし、なんといっても目に見えない存在であるカチーナが、ホピの村にやってきて、目に見える存在となって儀式を行う姿は圧巻です。それが、儀式に登場するカチーナです。前述のように、カチーナが精霊としてサンフランシスコ・ピークスからやってくるのは冬至の日。この日から夏至の日まで、ホピの聖礼所であるキヴァの中では静かに厳粛にカチーナと共に何度も儀式が行われます。目に見えない存在であるスピリットのカチーナは、マスクを被り装束を付けた人の中に入り込むと、まさに人間と一体となるのです。肉体を持ったカチーナは、ダンスや歌を通じて雨雲を呼び、宇宙万物の霊と一体となりながら、ホピの大地に雨という天の恵みをもたらし、また、世の平和を祈るのです。

儀式に登場するカチーナは、毎年決まった儀式に現れる慣れ親しんだ精霊もいれば、ホピの人たちでもあまり見たことがないようなカチーナも、時には登場します。また同じ儀式でも村によって、姿や踊り方が異なったりすることもあります。それらのカチーナにはすべて名前がついていて、動物や鳥の名前、状態を表す言葉や自然現象を表す言葉が名前になったものなどさまざまです。英語に同じような意味がない、ホピ名のカチーナもたくさんいます。

カチーナの姿に扮《ふん》して踊るカチーナダンスは、公開されていないものも多いのですが、一般の人でも立ち会うことができるものもあります。その最大の儀式が「ニーマンカチーナ」、通称ホームダンスです。これは夏至にカチーナたちが聖山に帰るのを見送る儀式で、厳密には夏至ではなく7月に入ってから行われます。

ホピの人々は、たとえ居留地以外の場所で暮らしていたとしても、儀式のシーズンには、ほとんどの人が帰ってきます。

カチーナドール

ホピの人の家に行くと、ほとんどの家で精霊カチーナの姿を木に彫ったカチーナ人形が壁に掛けられています。これは、「ビーンダンス」と呼ばれる儀式や、前述の「ホームダンス」の時に、カチーナダンサーから、女の子たちがカチーナ人形を直接手渡してもらい、家に持って帰り飾っているものです。その家の少女のものであることもあれば、かつて少女時代にもらったものを、主婦となった女性が家に飾っているものもあります。

厳密には、男の子も生まれて最初の儀式の時には、マザーアースの精霊「ハハイィ」というカチーナをもらい、無事に成長するよう見守ってもらいます。しかし、それ以降は、弓矢などをモチーフにしたものをもらい、カチーナはもらいません。

カチーナダンスの様子（イラスト）

なぜ、女の子だけに手渡されるかといえば、ホピは母系社会であり、家は女性が受け継ぐものだからです。少女時代にもらったカチーナを、大人となっても家宝として大事に飾り続けるのです。子どもたちは家にあるカチーナドールを通じても、カチーナの種類や意味を親から学ぶのです。

これらのカチーナドールを作ることも儀礼の一つと考えられ、これまで長い間、成人男性の仕事とされてきました。しかし、近年は女性のカチーナ作家たちも増えています。カチーナを作る人をカーヴァーといい、コットンウッド（和名・ハコヤナギ）の木の根を使い、ナイフ1本で彫り上げていきます（カチーナドールについては「ホピアート」の項でさらに詳しく紹介します）。

ホピの人々にとって、精霊カチーナは絶対的な存在であり、カチーナなくしてホピの文化儀礼は存在しないのです。

ホピの村

ホピの人々が暮らす大地は、北アリゾナのブラックメサという巨大岩盤の南側に位置しています。このブラックメサの南側にはナバホ族の人々の居留地が広がっていますが、北側の岩盤から、まるで手の指を３本広げたように隆起して、それぞれ伸びた大地が、ホピの地です。

メサと呼ばれる、地面が垂直に隆起した巨大な岩盤テーブルのような台地が３つ。東からファーストメサ、セカンドメサ、サードメサと名付けられ、その３つのメサと周辺近郊にある12の村（厳密には13の村）で彼らは暮らしています。

村の誕生の経緯はメサ（台地）ごと、村ごとに異なりますが、最初のホピの村は、セカンドメサにあるションゴポヴィ村で１０７０年に誕生しました。この村から枝分かれして、１１００年にサードメサにオールドオライビ村が誕生し、それから50年後の1150年にファーストメサのワルピ村が開かれています。
では、それぞれのメサにある村が誕生した経緯を紹介します。

ファーストメサ

ホピを訪れた人々が最も圧倒されるのが、麓から見上げるファーストメサの風景かもしれません。メサの上には『ワルピ村』『ハノ村』『シチョモヴィ村』という3つの村があり、メサの下には『ポラッカ村』があります。

『ワルピ村』はファーストメサの中で最も古い村であり、石を積み上げ固められた集合住宅は、何世紀も変わらぬ姿で保たれています。この村は現在、ホピの村の中で唯一、入村料を支払いガイドと共に歩くことを条件に、観光客の入村が許可されています。

『ハノ村』は、別名テワ村と呼ばれ、1680年のプエブロ革命の直後、スペイン軍から逃れてニューメキシコからやってきたリオグランデのテワ族の人たちが、そのままテワ村として1700年に創設した村です。

≪Hopiの村≫

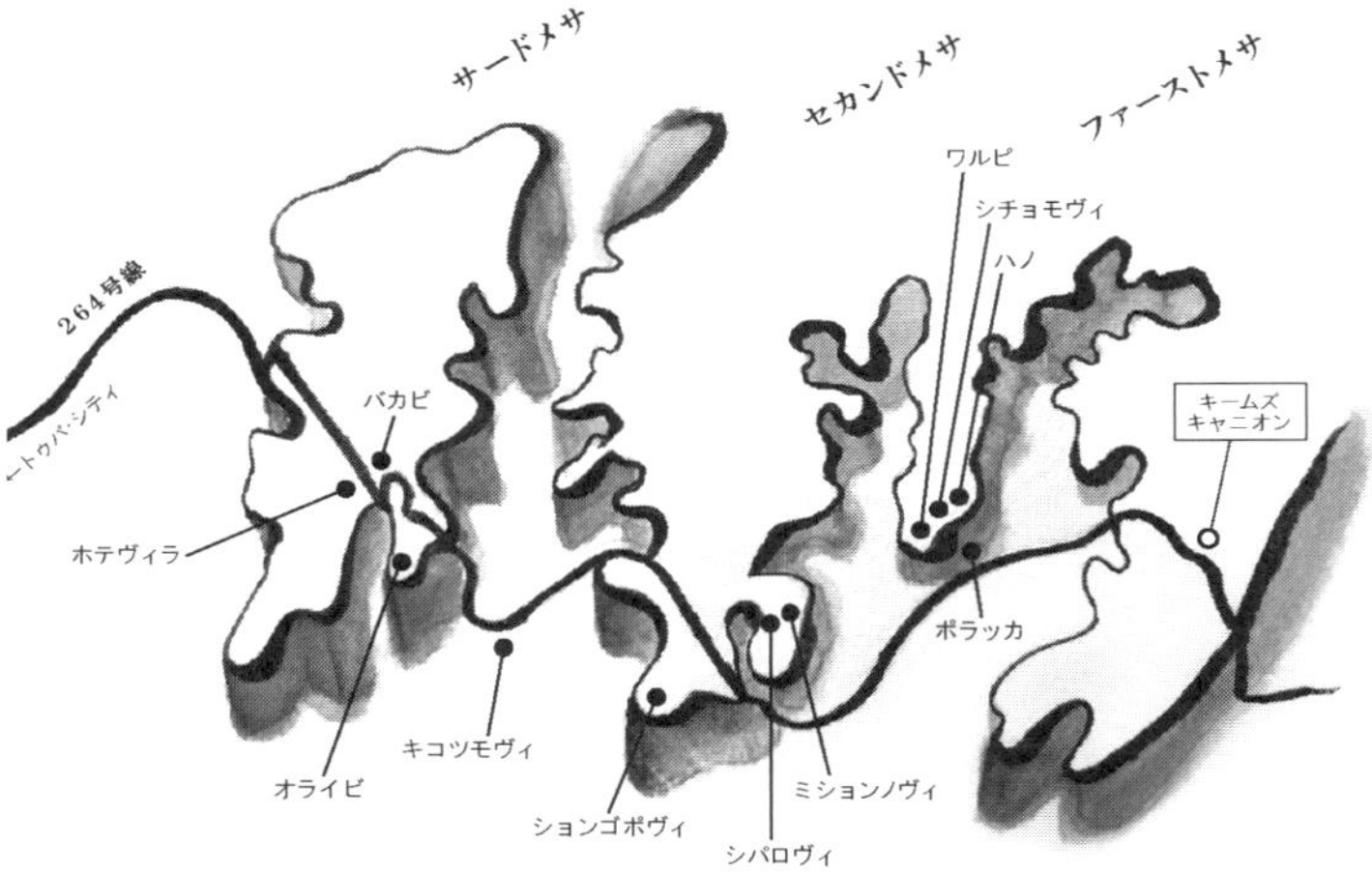

プエブロ革命とは、プエブロの反乱ともいわれ、スペイン人開拓者たちによる厳しい制圧を受け、ニューメキシコに住むプエブロの宗教的指導者たちが殺されたことを契機に、生き残った宗教的指導者ポペの呼びかけで各部族が団結。１６８０年８月10日、いっせいに反旗を翻して戦い、勝利した戦いのことです。しかし、ポペ没後、結束が弱くなったプエブロの各部族の土地は、１６９０年には再びスペイン人の開拓者たちの手に戻ります。このような中、ホピに助けを求めてやってきた人々によっ

て誕生したこの村は、他のホピの村とは文化風習や言葉も若干異なります。ただ、この村の女性たちがプエブロ文化の一つ、壺を積極的に作ってきたことから、ファーストメサ全体でホピの壺作りが盛んに行われるようになりました。

『シチョモヴィ村』は、ワルピ村の人口が増えて手狭になったことで1750年に建設された村です。

『ポラッカ村』は、ファーストメサの麓に広がる村です。1888年にファーストメサの上が手狭になったため設立されました。今ではメサの上で暮らす人よりもポラッカ村の人口の方が増えています。

セカンドメサ

ホピのメサの中で最大の面積を誇るのがセカンドメサです。ホピ部族政府が運営する宿泊施設や博物館、レストランも併設しているホピ・カルチャーセンターは、このセカンドメサにあります。

台地の上には『ションゴポヴィ村』『ミションノヴィ村』『シパロヴィ村』の3つの

村があります。

『ションゴポヴィ村』は、ホピで最大の面積と最大の人口を誇り、そしてホピの中で最も起源が古く1070年に誕生した村です。多くの儀式もこの村が発祥となっています。1680年のプエブロ革命後、スペイン人たちからの攻撃を避けるため、村ごと現在の地に移転しました。ホピの古くからの伝統儀式が最も多く残り、今も続く村です。伝統的な考えが最も厳しく守られています。

『ミションノヴィ村』はションゴポヴィ村に次いで1100年に誕生した古い村ですが、1700年代の初頭に、やはりメサの下から現在の場所へと移動しています。ミションノヴィ村の人々は、コーンロックと呼ばれるシンボリックな巨大な岩を守りの対象としています。

『シパロヴィ村』はミションノヴィ村と隣り合わせてあり、プエブロ革命後、スペイン軍の報復を恐れて、1680年にホピを守るために新たに建設された村です。

サードメサ

サードメサの上には『オライビ村』『ホテヴィラ村』『バカビ村』の3つの村があり、メサの麓には『キコツモヴィ村』、そしてメサから西に約70キロ離れた場所に『アッパーモエンコピ村』と『ロウワーモエンコピ村』があります。

サードメサには、ホピの歴史を物語る100年以上前の2つのモニュメントが残っています。一つは、1904年に彫られたという「プロファシーロック」(ロードプランロック)、もう一つは、1906年の「プッシュ・オブ・ウォー」の痕跡。これらのモニュメントは、サードメサにいくつかの村が誕生する出来事に深く関わっています。

『オライビ村』は1100年に設立され、一時は繁栄し、ここがホピの首都となっていた時代もありました。しかし近代化を推し進めようとするグループと、伝統を守ろうとするグループに分裂。以後さまざまな経緯を経ていますが、今も現存する村としては、ファーストメサのワルピ村と共にアメリカ最古の村となっています。

『ホテヴィラ村』は、オライビ村の伝統を守ろうと主張していた人々が、1906年に新たに作った村です。しかし、伝統派の中でも考え方の違いから分裂が起こったり、その諍いの結果、伝統儀式の多くが途絶えかけていた時代もありましたが、今は再びさまざまな伝統が取り戻されつつあります。

『バカビ村』は、ホテヴィラ村からさらに分離して1907年に誕生した村です。

『キコツモヴィ村』は、サードメサの麓にある村で、オライビ村に残った人々の中でも特に近代化を願うクリスチャンが中心となって作った村です。ここには大型スーパーマーケットやホピ政府（ホピ部族議会）もあります。

さらに、サードメサから西に70キロほど離れた町、トゥバ・シティのすぐ近くには、オールドオライビ村の農作地が村となったモエンコピ村があるのですが、ここも考え方の違いから、『アッパーモエンコピ村』と『ロウワーモエンコピ村』に分かれています。しかし、今は村の違いを越えて、ホピ全体で伝統や言語を取り戻す動きになっています。

ホピの暮らし

トウモロコシと共に生きる

ホピの人々は、太古に創造主と約束をした、トウモロコシと共に生きる生き様を今も守りながら暮らしているため、普段の生活や儀式においてトウモロコシは欠かせません。

中でも、トウモロコシを使った伝統食として筆頭にあげるべきものは「ピキ」です。これは紫や藍色に近い、ブルーコーンを挽《ひ》いた粉を水で溶き、種から採取した油をひいた石

トウモロコシを使った伝統食「ピキ」

の上に薄く広げながら焼いたものです。焼き上がったら最後に巻いて形を整えます。例えていうなら、紙のような薄さでパリパリとした触感です。トウモロコシの香りはほんのりしますが、ほとんど味らしいものはありません。主に儀式の時に出される聖なる食べ物で、カチーナたちにも捧げられます。

成人女性への儀式

ホピでは、少女が初潮を迎えると、成人女性への通過儀礼である「トウモロコシの儀式」に参加します。ホピの風習として、少女は幼いころから母方の祖母よりトウモロコシの挽き方を習いますが、この儀式ですべての工程を一人でやり遂げることによって、少女はホピの女性の仲間入りを果たすのです。

トウモロコシと女性との関係でいえば、結婚式の前には、女性は花婿となる男性の母方の家で４日間、トウモロコシを挽きます。その間、花婿の親戚は、地下の聖礼所であるキヴァの中で結婚式用のウエディングローブを織るのですが、そのローブが織り上がるまで花嫁はトウモロコシを挽き、料理を作り続けるのです。

ウエディングローブができ上がると、花嫁は花婿の家でドレスをまとい、夫となる男性の母に付き添われるかたちで自分の家に戻ります。花嫁と花嫁の母、親族の女たちは、トウモロコシを挽いて伝統食ピキを作り、ウエディングローブ作りに参加したすべての人たちに宴の食事を振る舞います。

伝統食のシチュー

また、セレモニーの伝統食といえば、ホワイトコーンと山羊のシチューも欠かせません。ホピのさまざまな通過儀礼においてもホワイトコーンを用いた料理が用意されますが、カチーナダンスの時には、儀式参加者はもちろんのこと、家を訪れる客人にも伝統食が振る舞われます。

また、日常的な清めのシーンでもホワイトコーンが使われます。ミールといわれる、細かくホワイトコーンを挽いた粉を常備して、日本での清めの塩のように、ホピの人々は清めにホワイトコーンミールを使います。多くのホピの大人たちはホワイトコーンミールを袋に入れて持ち歩き、儀式の時はもちろん、生活のさまざまなシーンで祈りや清めを行う時に使います。

畑の主役もトウモロコシ

ホピの畑は、それぞれのメサ（台地）に近い麓にあります。自宅の裏などで個人的に畑を作っている人もいますが、一般的には、クランごとに畑の場所が決められています。耕作地の境目には石が置かれており、耕作地の中の割り振りは、クランの女性たちによって割り当てられています。

その畑を耕し育て収穫するのは、夫や兄弟、息子たちの仕事です。もちろん女性も簡単な畑作業は行いますが、力仕事は男性が行います。ホピは母系であるため、家も畑も母系

畑仕事の様子

の中で引き継がれ、一家の世帯主である女性に属します。

そして、この畑の主役も、やはりトウモロコシです。

種を植える時には、大精霊マサウから伝承された通り、1本の長い棒を使い、その棒で大地に穴をあけて植え付けます。これは太古から変わらないホピの農法で、ホピの人々はこの農法を誇りに思っています。

ホピが地球の中心を示すラトル

毎年、最初に畑にトウモロコシの種を植えるのは4月です。これは7月中旬に行われるニーマンカチーナ（通称ホームダンス）の儀式に合わせて植えるものです。通常の食用トウモロコシは5月から6月にかけて種まきし、9月から10月にかけて収穫されます。

そして収穫したものは皮をむき、色別にストックして、各家の倉庫などに保管されます。

トウモロコシのほかには、豆やカボチャなどの保存野菜、またスイカや桃などの果物や、儀式用のラトル（ガラガラ）作りに欠かせないヒョウタンなど、バラエティ豊かです。ちなみに、ヒョウタンでできたラトルは、アヤと呼ばれ、側面は銀河系の星々を表し、中心の丸く青い円は地球を、その周りを赤く囲む円と線は太陽と光線を表しています。そして、青い円には、地球の東西南北を旅してきた「スワスティカ」と呼ばれる卍《まんじ》が描かれており、その中心はホピであると固く信じています。ホピの人々にとって、農業は暮らしと儀式に欠かせないものなのです。

暮らしに利用する野生の植物

暮らしと儀式に欠かせない野生の植物が、ユッ

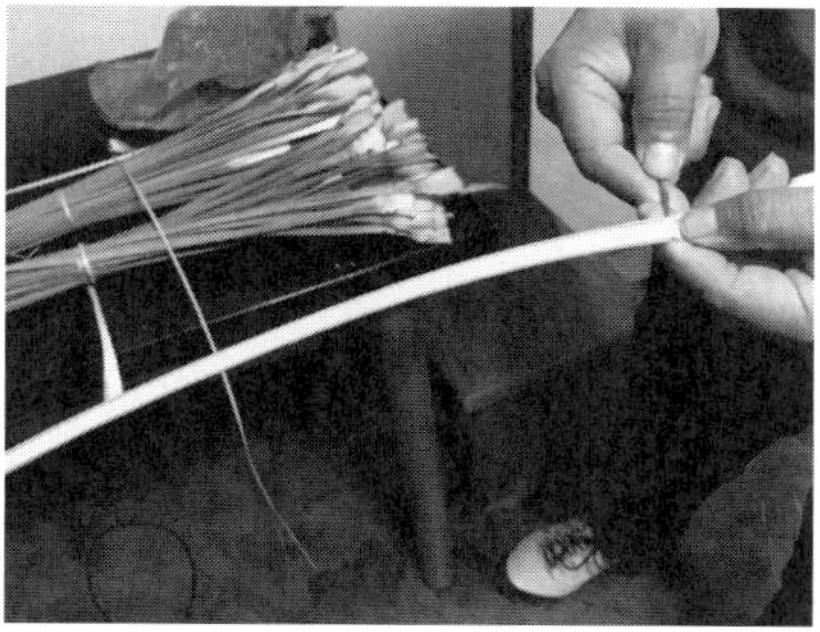

ホピの暮らしに欠かせないユッカ

カです。ユッカはユッカ蘭という植物の葉のことを指しますが、この葉を集める作業は男性の仕事とされています。

ユッカの根は、「新生児の名付けの儀式」や「思春期の儀式」「結婚式」など、人生の大切な通過儀礼や特別なセレモニーの時に行われる「髪洗いの儀式」で、頭を洗う石鹸代わりに使われます。

また、ユッカの葉は、ホピの伝統工芸品であるバスケット作りに欠かせないもので、秋に行われるウーマンソサエティのバスケットダンスの前になると、どの家庭でも女性たちがユッカでバスケットを編む姿が見られます。

さらに壺に絵柄を描く時には、ユッカの葉の先を細く割き、筆のようにして使います。

ホピセージ

ホホイシィ

どこの家庭にも、生活に欠かせない道具としてホピブラシがあります。これは、紫色のコメススキを束ねたもので、持ち手の部分は紐でくくられ、短く小さく束ねたものは髪をとかす時に、長く大きいものは家の掃除用に使われます。

ホピの人々が日常的に飲むお茶は、ホピの大地に咲くホホイシィと呼ばれるハーブを摘み、束にして5センチ程度に折り曲げて紐で結び、乾燥させたものです。だいたいどこの家庭でも作り置きをして常備しています。

また、清めに使うホピセージは、一般的によく知られているヨモギ科のホワイトセージとは全く異なるもので、ホピの大地に自生する細長くて微かにミントの香りがする野草です。主にメディスンマンが作り、浄めや治療の時などに使います

このように、ホピの人々は荒涼とした大地に生える貴重でわずかな野生の植物を、生活の中で最大限に生かして使っています。

ホピアート

ホピの人々の8割は自営業で、アートが大きな収入源です。彼らはアート作品を作り、販売することで生活を支え、昔ながらの儀式を継続しています。

本来、ホピアートは、男性が作るものと、女性が作るものとが明確に分かれていました。カチーナ（カチーナドール）と織物は男性、壺とバスケットは女性の仕事であり、歴史が最も浅いジュエリーは男女問わず作るというものでしたが、時代の流れと共にカチーナを作る女性作家や、壺を作る男性作家も登場しています。

カチーナ

ホピの信仰とカチーナについては既に述べましたが、ここでは、アートとしてのカチーナドールについて詳しく説明しましょう。

カチーナドール（以下、カチーナ）が儀礼の中でいつ頃から登場したのか、はっきりとしたことはわかりませんが、儀式用以外で一般の人の手に渡ったのは、今からおよそ150年前。アメリカ人の地理学者で、自然科学雑誌『ナショナル・ジオグラフィック』を創刊したジョン・ウェスリー・パウエルが、ホピの村に行き、あまりに可愛らしいカチーナに心奪われ、購入したいと懇願したのが始まりだといわれています。

カチーナの姿は時代と共に変わっていき、今は色々なタイプのカチーナが登場していますが、もともとはフラットタイプと呼ばれる簡素なものだけでした。フラットタイプのカチーナは、カチーナの特徴を表した顔と赤い3本の線が描かれた胴体でできています。この赤い3本の線は、「太陽の光線を表す」とか、「過去、現在、未来という時空を超えたラインである」とか、「スピリットの存在であるという印である」などと解釈が異なるようで、

トラディショナルフラット・カチーナ

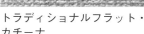

真意のほどはわかりませんが、現在もフラットタイプのカチーナの多くにこの赤い3本ラインが入っています。

次に手足も装束もつけた立体的なタイプが登場します。フラットタイプがトラディショナル・カチーナと呼ばれるのに対し、立体タイプはニュートラディショナル・タイプと呼ばれています。トラディショナル、ニュートラディショナル共に昔から儀式に使われ、また販売用としても人気が高いカチーナです。

スカルプチャー・カチーナ

カチーナが世界的に知られるようになったのは、20世紀初頭からです。各地の博物館などがカチーナ収集や展示を行うようになり、個人のコレクターたちに広がりました。

アメリカのポップアートの巨匠アンディ・ウォーホールや、画家のジョージア・オキーフ、ドイツ人画家のホルスト・アンテス、日本人では染色工芸家の芹沢銈介や洋画家の猪熊弦一郎といった芸術家たちも、カチーナを数多く持っていました。

また、コレクターの中には、芸術作品としての価値を高めるため、カチーナ作家たちに、儀式用とは異なる、ディテールが細かく、さらに動きをリアルに再現したフィギュアカチーナを要望する人も増え、作家たちもそれに応えようとフィギュア・カチーナが競って作られた時代もありました。また、カチーナの顔にオリジナルのストーリーを体に施したスカルプチャーと呼ばれるカチーナも作られるようになりました。

こうしてホピのカチーナは芸術・美術品として、世界の美術館に所蔵され、コレクターたちを夢中にさせていったのです。

ただ、ホピの人々は、フィギュア・カチーナもスカルプチャー・カチーナも、あくまでも生活のための収入源であり、本来のカチーナとは区別してきました。そのため近年では、若いアーティストを中心に、儀式に長年使われているトラディショナルな精霊のスピリットが宿るカチーナを、そのままホピ以外の人々にも持ってもらおうとする動きが広がっています。さらに、一昔前まで、カチーナはアクリルカラーの絵の具で色づけがされてきましたが、今は手間がかかる天然素材の顔料・染料を使い、石で磨き上げるカチーナ作者たちも徐々に増えてきました。またカチーナを購入する側も美術品としての鑑賞やコレクション用としてカチーナを収集するのではなく、ホピの精神に触れ、精霊の化身としてカチーナを自宅に迎え入れる、という人が増えています。

カチーナの表記については、ホピではカチーナドールを「Katsina」と表記することが多く、作者によっては「Kachina」とする人もいます。また、日本では国立民族学博物館でも使われている「カチーナ」という表記が一般的となっていますが、資料によっては「カチナ」と書いてあるものもあります。しかし、これらはすべて間違いではありません。なぜなら、もともと、ホピでは他の先住民同様に、言語表記の文字を持たず、発音を英語表記の文字にしているからです。

これらは、例えば日本を「ニホン」と言っても「ニッポン」と言ってもどちらも正解であるのと同じです。そのような表記の違いよりも、問題にするべきことがあります。それがカチーナとは異なる、カチーナ風お土産人形の存在です。

●カチーナ風お土産人形にご用心

グランドキャニオンやモニュメントバレーといった、アメリカ南西部の観光地の多くで、大量生産されたカチーナ風の木製人形が、お土産カチーナとして安価で多数売られています。酷いところでは、カチーナ風木製人形が、ホピのカチーナと明記して売られていたり、日本でもお土産用のカチーナ風人形が「カチーナ」と表記され、売られていることがあるようです。

ホピの人々にとって、こうした偽カチーナは、文化の搾取であり、信仰への冒瀆《ぼうとく》であると困惑しています。

カチーナ風お土産人形

本物のカチーナ

本物のホピのカチーナには、カチーナ固有の名前が必ずついています。また、前述したようにホピのカチーナの製作者はカーヴァーと呼ばれ、彫り師なので、必ず一本の木から胴体すべてをナイフで彫り出す一点ものです。

これに対し、カチーナ風のお土産人形は、固有の名前を持たず、「カチーナ」という表記になっていることが多いようです。

そして、機械で胴体と手足のパーツが作られ、組み合わされているので、同じポーズのものがズラリと並んでいたり、接着剤などで胴体に手足がつけられていたり、革製のフリンジ（房飾り）がつけられていたりするのが特徴です。これらの人形は、決してホピのスピリットが宿ったものではありません。似て非なるものであることを知っていただければと思います。

ホピジュエリー

ホピは、太古から受け継がれている絵柄などを、さまざまなものに取り入れながら暮らしてきました。ホピジュエリーも、そのデザインの中に自分たちのクランのシンボルや精神性、また信仰に関連したデザインなどを使うことで、ジュエリーの中に祈りを込めているものです。

そうしたことから、ホピジュエリーは、ジュエリーであるのと同時にお守りでもある、と言われています。

インディアン・ジュエリーの始まりは、今からおよそ200年前、ナバホ族の居留地にいたメキシコ人商人が、ナバホが飼育する馬と交換するため銀製品を渡したのが、ナバホの人々に大きな影響を及ぼした、とされています。そして1850年頃、ナバホの鍛冶屋が銀細工を作り、同じ頃、プエブロインディアンのズニ族でも金属加工が始まっています。

ホピでは1890年代からシルバージュエリー作りが始まり、30年以上ナバホ族とズニ族の人たちから学び続けていました。しかし第2次世界大戦後、

シルバーのホピジュエリー

ホピは自分たちのスピリットや神話を文様として刻み込む「オーバーレイ」という技術を考案し、ホピ独自のオリジナリティを持つホピジュエリーが誕生します。現在、ホピジュエリーといえば、ほとんどがこのオーバーレイのものです。

ホピのオーバーレイとは、極細の糸鋸《いとのこ》を使い、気が遠くなるような手作業でシルバーにデザインを施しながら切り抜き、さらに平らなシルバーの板に貼り合わせ、中の空間を削り出し酸化させて黒くしたジュエリーです。

シルバーの美しい銀と、削り出した黒が、はっきりとした美しいコントラストを生み、ホピジュエリーは芸術作品のように美

オールドジュエリー

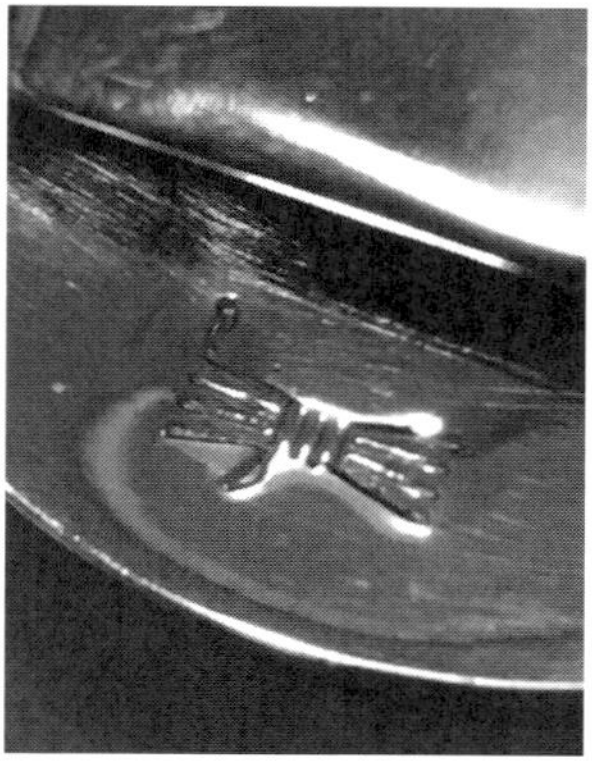

作者それぞれで異なるホールマーク

しいものです。

さらに、オーバーレイは、シルバーのみならず、ゴールドを使ったものや、ターコイズやサンゴといった宝石が組み合わされるものもあります。

ほかにも、霊山であるサンフランシスコ・ピークスの石灰岩にデザインを彫り、そこにシルバーを流し込んで作る「トゥファ」という技法のホピジュエリーも少数ながらあります。近年は、ホピがジュエリーを作り出した頃のオールドジュエリーを復活させているアーティストもいます。

ホピジュエリーは細かなデザインを手作業で作り出した1点ものなので、1万円ぐらいから数十万円くらいの値段となります。このため、カチーナ同様、安価なコピー商品の脅威にさらされています。ホピジュエリーには、裏に個人的なマーク、クランやサインなどを示す象徴的なホールマークが記されています。

壺（Pottery）

ホピを含むプエブロインディアンは皆、先史時代から「壺」を作り続けてきました。今は芸術の一つとされていますが、19世紀の末までは、ホピの壺は家で実際に使うためのものでした。かつてはすべてのホピのメサで、女性たちが壺を作っていましたが、今は、ファーストメサのみで壺が作られています。

ホピの陶器文化を芸術品にまで高めた立役者は、ナンペヨ（1859～1942年）という女性です。彼女は1890年代に、ファーストメサの下に広がる『Siyatki（シヤトキ）遺跡』から先史時代の祖先たちが作った壺の破片を発掘。それをもとに伝統柄を再現し、外部の人々から高く評価された人物です。その技術を自分の子孫に伝え、周

ホピの壺

囲の人々もその製法を真似たことで、ファーストメサでの陶器作りが盛んになっていきました。

ホピの壺作りは太古の方法と同じやり方で作られています。地元の粘土を集め、手びねりの方式で形を作り、しばらく乾燥させた後、壺を磨き絵がつけられます。絵筆は歯でしごいたユッカの葉を使い、顔料も現地で取ることができる草や鉱物などからなる天然のものです。

壺のデザインは一人一人異なってはいますが、ほとんどの作り手は伝統的な柄を使います。窯入れは工程上もっとも難しく、壺の周りに乾いた羊の糞の塊が積み上げられ、野焼きされます。

ホピバスケット

プエブロインディアンは、壺と同様に、植物を

ホピバスケット

編んで作るバスケットも先史時代から作り続けてきました。中でもホピバスケットは、美しい芸術品ともいわれています。

バスケットは、メサによって作り方が異なります。皿状のバスケットは3つのメサすべてにおいて作られますが、セカンドメサではコイル状に巻くタイプのバスケットを作り、サードメサはウィッカータイプと呼ばれる細い枝を編んで作るバスケットが特徴となっています。

色は白、黄、緑、赤、黒に限られ、これらはすべてユッカの繊維によって作られています。伝統的なホピバスケットのデザインは、彼らの生活や信仰に深く関係しています。

そもそもバスケットは、植物の種や食べ物、また、薬などの入れ物として使われてきましたが、現代は、主にホピ社会での儀礼的なセレモニーに用いられています。また、バスケットは、心から感謝を表したい時や、お祝いの際の贈り物として使われることも多く、ホピにとってのバスケットとは、心を伝える品として大きな意味を持っています。

第2部

ホピと私の物語

1 平和的生き方を求めて

アメリカのアリゾナに暮らすホピの人々と、日本で暮らす私。文化人類学者でもなければ、アメリカで暮らしたこともない私が、どうやってホピの人々と接点を持ち、深く関わるようになったのか不思議に思う人も多いでしょう。

これまで幾度となく、そうした質問を受けてきました。そしてその都度、私はどこから話せばいいのだろうと悩んできました。なぜならその話はとても長い上に、にわかには信じがたい話の連続でもあるからです。でもホピとの出会いは、私自身がそれまでの考え方、そして生き方そのものを方向転換した先にあったことで、それらの積み重ねが「今」に繋がっています。

私がどのように生き方を変え、平和の民と呼ばれるホピの人々と出会い、そして繋がっていったのか。真実の物語をここに綴っていこうと思います。

私たちは、日常の中で、さまざまなことを取捨選択しながら暮らしています。例えば、今日の洋服をどれにしようとか、サラダのドレッシングは何にしようとか。ほとんどの場合、特に意識するでもなく選び、特に意味も持たず過ぎ去っていきますが、時として、人生の大きな分かれ道の前に立つこともあります。

私にとって「ホピ」という言葉を初めて耳にした日が、そんな人生の分岐点の日でした。

運命の日

私は今、東京で暮らしていますが、20年ほど前には、兵庫県芦屋市というところで暮らしていました。芦屋は大阪と神戸のちょうど中間に位置し、一般的にはいわゆる高級住宅地として知られていますが、山と海、そして澄んだ川に恵まれた自然豊かな美しいところです。

実は私は、子どもの頃にも3年間ほど芦屋で暮らしていたことがあります。大人になり、縁あって関西で仕事をすることになり、前夫との結婚を機に土地勘のある芦屋に住居を構えました。

子どもができるまでは、仕事三昧の日々を過ごしていましたが、流産を繰り返したこともあって、子どもが生まれてからは仕事をいったん退き、専業主婦となりました。そして、気が付けば3人の子どもの母となっていました。芦屋の山や川は、幼い子どもたちを遊ばせるには、恰好の環境。私は心豊かに子育てをしていた……つもりでした。

家から一番近いので通いやすそうだ、という理由で選んだはずの幼稚園でしたが、実は芦屋の中でも特にハイソな家庭のご子息、ご令嬢が通う幼稚園だと後から気が付きました。世の中はちょうどバブル絶頂期。幸か不幸かそれなりの収入もあったことから、高級マンションに住み、車は左ハンドルの革張りシート。周囲のママ友に合わせるように子どもたちにも高級ブランドの洋服を着せて、いくつものお稽古に通わせました。さらに毎週のように行われるホームパーティは、はたから見ると一見、悠々自適で優雅な生活に見えていたかもしれません。でも心の中は、満たされない思いでいっぱいの飢餓状態。つまり自分らしさを見失い、自分の想像の中で作り上げた虚構の世界の中で生きていたのです。

私は奮起して、以前から学びたいと思っていた、大阪にある脚本学校に通い始めました。長女が小学校に入学し、次女が4歳、長男が2歳の頃でした。それまでのママ友ばかりの狭い世界から、自分の世界が一気に広がっていくようで、ようやく心が深呼吸できるようになっていきました。しかし相変わらず派手な付き合いをやめる勇気も持てないまま、日々の生活は続いていました。

阪神・淡路大震災

そんな時、1995年の阪神・淡路大震災が起こりました。私が住んでいた場所は震度7。激震地区に認定され、突如それまでの暮らしは一転しました。

暮らしていたマンションは地盤からズレ、愛車はリフト式駐車場の鉄骨の下敷きとなり大破し廃車に。電化製品はほぼ全滅。輸入家具は見事に壊れ、パーティで活躍していた高級食器もすべて割れました。ただ一つ完全なカタチで残った食器は、ドーナッチェーン店でもらった分厚いマグカップ1個だけでした。でも幸いなことに家族は無事でした。私はそれだけでいいと思いました。

そして、避難所での生活や被災者としての生活を送るうちに、長い間身につけていた見栄や体裁という鎧《よろい》をようやく外すことができたのです。

私は仕事に戻ることにしました。長期ブランクはあったものの、幸いなことに地域情報誌を発行する会社に正社員として雇われ、数年後には企画部チーフという肩書まで加わり、子どもを産む前までしていたプランナーの仕事と、記者の仕事を兼任させてもらえるようになりました。また、脚本学校の仲間からの紹介で連続ラジオドラマの仕事ももらい、脚本家としてもデビューを果たしたのです。3人の子どもたちを育てながら、日中は会社の仕事、夜は脚本と、寝る間を惜しんでの生活でしたが、人生順風満帆という状態でした。

そんな中、会社でちょっとした事件が起こりました。私が企画した社会貢献を兼ねたイベントでの収益が、公表していたカタチとは違う使われ方をされたのです。ほかの人からすると取るに足らないほどの些細なことだったのかもしれません。

同僚たちは、分の悪いことには我関せずといった態度を取り、見て見ぬフリをしていましたが、私には見逃せないことでした。私は勇気を振るって上司に自分の思いを伝えてみましたが、上司の返答は、

「あなたは青いね。そんな綺麗ごと言っていたんじゃ、世の中うまく渡っていけないよ。もっと大人になりなさい」というものでした。

この時、よほど言い返そうかとも思いましたが、もう一人の自分が心の中で呟くのです。

「正しいことを言いたい気持ちはわかるけど、会社を辞めたら生活はどうなるの？　自分

が自由に使えるお金がなくなるよ。そもそも仕事は楽しいんだから、イチイチ目くじら立てていたら、人生、損するよ」と。

私は上司に反論するでもなく、「はい」と応えるとそのまま引き下がりましたが、自分で自分が嫌になるような、そんな感覚でした。

◆カルチャーショック◆

一刻も早く家に帰ってしまいたい心情でしたが、ちょうどその日の夜、仕事とはまったく関係のない集まりに声をかけられていました。よほど断ろうかとも思いましたが、その誘いの案内を見た時から自分の魂が惹かれていると感じていたので、行ってみることにしたのです。

その集まりは、民族、宗教、国境をも超えた平和イベントを行うための企画会議でした。社会的な立場や性別、年齢、諸々の垣根を超えて「対等」という関係の中で、真剣に平和について、未来について話し合っている人々の姿は、それまでの私とは無縁の世界であり

「真の大人の世界」に思えたのです。まさにカルチャーショックでした。その日、どうやって家に帰ったのか覚えていませんが、ほとんど寝つけなかったことだけはハッキリ覚えています。

　翌朝、目を覚ますと身体はまるで鉛のように重く固まっていました。前日の昼間に感じた腑《ふ》に落ちない感覚と、夜のカルチャーショック。この二つの「大人」の現実を自分の中でどのように処理してよいのかわからなくなり、体と心と魂が分離したような状態になってしまったのです。

　この日、子どもたちをどうにか送り出すと、私は会社に電話をかけました。原稿の締め切りが迫っていましたが、体が動かないのでどうすることもできません。私は体調不良であることを会社に告げると、悶々《もんもん》と布団の中に丸まりながら何時間も過ごしていました。そして夕刻。1本の電話がかかってきたのです。出ると、前日の集まりに声をかけてくれた女性からでした。翌日レンタカーを借りているので、奈良の「天河《てんかわ》神社」へ行こうというのです。女性の話によると、何人かでレンタカー代やガソリン代を割り勘にしていたが、一人急遽キャンセルが出たので、誰か行ける人を探している、ということでした。その時は正直なところ、欠員の穴埋めとして、聞いたこともない神社に突然誘われても……。まして、原稿締め切り前に2日続けて休むのはさすがに社会人として無理……、という思いが先にありました。しかし、このまま翌日を迎えても仕方がないということも、自分自身が一番よくわかっていることでした。

私は、運を天に任せて翌日も会社を休み、その時まで聞いたこともなかった、奈良の天河神社に行くことに決めたのです。

その春の日は雲一つない快晴でした。体はすっかり回復していましたが、会社には熱が下がらないと嘘をつきました。電話口で同僚が怒鳴りながら、点滴を打ってでも会社に来るように言っていましたが、もうまったく気にはなりませんでした。

天河神社と天川彩

天河神社は、紀伊半島の吉野、熊野、そして高野山を結ぶ三角形のほぼ中央に位置しています。今からおよそ1300年前、修験の開祖、役《えん》の行者《ぎょうじゃ》が大峯山中で感得した弁財天を弥山山頂に祀ったのが始まりで、壬申の乱で勝利した天武天皇により里山に遷座され、造営されたお社がこの神社の始まりです。日本三大弁財天の一つとされ、空海や円空など、歴史を彩る数多くの聖《ひじり》たちが参籠《さんろう》した日本屈指の聖域として、また芸能の神としても広く知られています。

南北朝時代には、後醍醐天皇の南朝御所も置かれ、歴史上の重要な局面に幾度も深く関わってきたお社なのですが、そんなことなど、その時の私が知る由もなく……。

私は、まるで遠足気分でした。道中、車の中でどんな話をしたのか、どんな人たちが一緒だったのか、正直なところほとんど記憶に残っていません。でも私は、天河神社に向かっている途中で会社を辞める決意をしたのです。どれほど安定していても、どれほど保障されていても、矛盾を感じながらそれを感じないフリをする日々は、もう過ごしたくない、と思ったのです。もちろん、副業だった脚本の仕事だけで食べていけるほど、人生甘くはないことは承知していました。でも、どんなに苦労や努力を要したとしても、自分に嘘をつく生き方だけはしないと心に決めたのです。

「黒滝」という道の駅に着いた時、私はその決意を同行の人たちに話しました。すると、たまたま私の真向かいに座った男性が「ところでアヤさんは、脚本家としてのペンネームは持っているのですか？」と質問してきたのです。当時、大阪の民放ＴＶ局でドラマ番組を手掛けていたプロデューサーから「ペンネームを持っていた方が何かと便利でいいですよ」と何度かアドバイスは受けてはいましたが、それまでまったく考えてもいませんでした。でもこの時、まさにペンネームをつける良いタイミングではないかと思ったのです。

そこで私は、いま向かっている天河神社がある地名の「天川（てんかわ）」と、私のファーストネームの「彩子」から、瞬間的に『天川　彩』という名がひらめき、口に出しました。

いよいよ天河神社に向かって山道を車が登り始めた時、雪が降ってきました。それは雪というより、まるで大きな白い鳥の羽根が天から舞い降りて来るかのように静かに、ふわり……ふわり……。静寂の中、見える世界はすべて真っ白に広がっていったのです。そして、神社に着く直前、その不思議な雪はスッとやみました。

真っ白に染まった斎庭《ゆにわ》は静寂に包まれていました。参拝客が誰一人としていない中、凍りつくほど冷たい手水舎《てみずや》で両手と口を清め、ゆっくりと社殿に続く階段を登り……目の前の立派な檜舞台に手を合わせていると、「アヤさん。神様にお尻を向けてなにやっているの？　神様はこっち」と誰かに肩をつかまれ、神殿の方にクルリと身体を向けた、その時でした。

「よく来た。待っていたぞ！」

「よく来た。待っていたぞ！」

わんわんと神殿から響き渡るような大きな声が聞こえてきたのです。

私は驚きのあまり腰を抜かしてしまいました。

同行していた人は、異変に気がつき駆け寄ってきてくれましたが、私は説明することもできず、ただアワアワするばかり。結局、何人かに脇を支えられるかたちで、どうにか立ち上がり、別の場所に移動し、とりあえずソファーに腰掛けました。

が、今度は大きな錠前が付いている古い書物が入った書庫のガラス戸から、何百、何千という透明な空気の渦が放射状に飛び出してくるのが見えたのです。

目まで廻ってしまった私は、座っていることすらできなくなり、長椅子に倒れ込みました。ちょうどその時でした。宮司様がやってこられたのです。その場にいた人たちが皆一斉に立ち上がり挨拶をしていましたが、私は起き上がることすらできませんでした。格好悪いな、という気持ちとは裏腹に、自分ではどうすることもできない状況を受け入れるしかありませんでした。

しばらくほかの人が宮司様と話をしているのを横になりながら聞いていたのですが、ようやく回復して座り直すことができた私は、はじめは自己紹介をしていました。でも気がつくと、ペンネームの話をしていたのです。

心の中で「ここの名前をペンネームにしようなんて、無謀すぎる。今すぐ取り下げて止めといた方がいい」と大きな声で叫んでいました。でも、その声を無視するように、もう一人の私が、宮司様の目を真っすぐに見ながら真剣に、自分の生きざまを変えた話を伝え、天川の名をペンネームに付けてもいいかと問いかけていました。

天河神社に行ったのも、宮司様と対面したのも、その時が初めてでした。でも宮司様から、「あなたは、天川を名乗る人です」と言われ、さらに「天という文字は上が長く下が短い。その横棒は天と地なのです。そしてそこに人が交わり、天という文字になる。その天の川を流し彩るのがあなたの役目なのですよ」という言葉を賜ったのです。

私は謹んでその名前を頂戴し、「天川　彩」としてここから先の人生、生きていくことを神と自分に誓いました。

◆ホピって知っていますか？◆

夕刻になり、帰ろうとしていた時でした。この日、諸々お世話をしてくださっていた巫女様が、社務所の窓から「天川さん」と私を呼び止めたのです。そして「天川さんは、ホピってご存知ですか？」と質問してきたのです。

私はその瞬間まで「天川さん」と呼ばれたこともなければ、「ホピ」という単語を聞いたこともありませんでした。当然「ホピ」という単語が何を意味するものなのか見当もつかず首をかしげていると、「ホピというのは、平和の民という意味を持つアメリカ先住民の人々のことなんですよ」と巫女様は微笑みながら言ったのです。

なぜその時、突然巫女様が私にそのことを言ったのか今でもわかりません。ただ「平和の民」というキーワードと「先住民」というキーワードが、私の奥深くにある何かに激しく反応していたことだけは確かです。

実は私は、北海道のオホーツク沿岸に近い北見市という場所で生まれました。両親揃って北見出身ですが、亡父は樺太《からふと》、現在のロシア連邦のサハリン州にあたる場所で生まれ、10歳で終戦を迎えて、引き揚げ船で家族と共に北海道に渡ったそうです。そんな父の書斎には、私が物心ついた時から不思議な形をした小さな木彫りの人形がありました。その人形が「セワ」と呼ばれる樺太少数民族・ウィルタ族の精霊人形だということがわかったのは、父が他界した随分後のことです。

また、母方の祖父は、明治時代に四国から北海道の常呂《ところ》（現在は北見市の一部）に移住し、そこで漁場を開いたということです。常呂町には、オホーツク文化と呼ばれる時代（3～11世紀頃）の常呂遺跡があり、前々からその文化のことがとても気にかかっていました。

オホーツク文化について少し説明すると、北海道は、本州と歴史時代区分が異なっています。日本の歴史の始まりでもある縄文時代は同じなのですが、およそ２０００年前、本州では縄文時代から弥生時代に移行し、古墳時代へと文化が変遷していきますが、北海道では、縄文時代の続きとして、続縄文時代と呼ばれる時代がありました。

さらに本州では飛鳥時代から奈良時代、平安時代、そして鎌倉時代へと移り変わっている頃、北海道は擦文《さつもん》時代と呼ばれる独自の文化が発達していました。その後、アイヌ文化に移り変わっていきます。

そんな中、オホーツク海沿岸だけは、擦文文化とも大きく異なる文化を持っていました。それがオホーツク文化です。オホーツク文化は、なんと800年近くオホーツク沿岸で続いていたのですが、11世紀頃、忽然とその痕跡が消えてしまったため、長年、この人たちは「謎のオホーツク人」と呼ばれてきました。ところが2009年に、北海道大学の研究グループがDNA解読に成功し、長年、謎のオホーツク人とされてきた人々は、サハリンの先住民・ニブフに最も近いということが解明されています。

日本人は縄文以前から続く先住民と、弥生以降、大陸からやってきた渡来人との混血であることがはっきりわかってきています。大多数の日本人は大陸の血が濃く出ているそうですが、当然、先住民の血を濃く持っている人々も多くいます。北海道を中心に暮らすアイヌの人々などは、その最たるものといえます。

私の場合、アイヌかさらに北方系先住民の血が色濃く入っているのではないかと時折思うことがあるので、「先住民」というキーワードに引っかかるものがあったのかもしれません。

アイヌの地で聞いた男性の歌声

話を戻すと……、天川　彩という名を持つようになってから、私の人生は一変しました。

会社を辞めた私は、平和イベントの神戸事務局長という立場になっていました。また、それまでの人生では考えられないほどさまざまな場所へ出かけるようにもなり、勤めをしていた時には叶わなかった、３人の子どもたちを連れての旅にも出かけるようになったのです。

屋久島へ子どもたちを連れていった時、私はアイヌのアシリ・レラさんと運命的な出会いをしました。レラさんは、北海道二風谷《にぶたに》で暮らすアイヌの語り部であり、またアイヌ語やアイヌ刺繍などを教えている女性です。

私は企画していた平和イベントに出演してもらえないかお願いをしてみました。宗教哲学者の鎌田東二さんの呼びかけにより『神戸からの祈り』と題された平和イベントは、1998年8月8日には神戸、10日10日には鎌倉大仏の前で行われることが決まっていました。出演者としてアラスカのボブ・サムさんやアメリカのデニス・バンクスさん、また在日韓国人のチャンゴチームや沖縄の喜納昌吉さん、そして細野晴臣さん率いる「環太平洋モンゴロイドユニット」など、既に多くの出演者は決まっていました。しかしアイヌの人とは接点がなく、どうやって声をかけたら良いか思案していたところだったのです。

レラさんが、快く承諾してくれたこともあり、私は、屋久島の旅から戻ったすぐ後、今度は一人で彼女が暮らす北海道の二風谷へと向かいました。

そこで再びホピというキーワードを聞くことになるなど、まったく想像することもなく……。

私はポロチセと呼ばれる大きな茅《かや》でできた建物に通されました。前の日に、カムイノミと呼ばれる儀式がそこで行われていたとのことで、燻《いぶ》された強烈な匂いが部屋の中には残っていました。でも、その匂いは決して嫌なものではなく、自分の中の深いところに眠っている何かを呼び起こすような、そんな香りでした。

「夕飯までまだ時間があるから、しばらく裏庭を散歩しておいでよ」

レラさんからそう言われて、私はいくつか建ち並ぶ小さなチセ（アイヌの伝統民家）の周りを歩いてみることにしました。一番奥の小さなチセの前まで行くと、そこからポロチセ同様燻された匂いが漂い、男性の歌声が小さく聞こえるのです。何を言っているのかは、はっきり聞き取れなかったのですが、確かに太い男性の歌声でした。

私は少し怖くなり母屋に走って戻りました。料理途中のレラさんが「どうだった？　何か珍しいものや面白いものはあった？」というので、私は奥の小さなチセの中で歌っている男の人は、どんな人なのか尋ねてみました。するとレラさんは驚いた顔で私を見て、「今は、誰もいないよ。でも、この前まで確かに男の人がいて、ずっと歌を歌っていたけれど。……そう。アヤちゃん、聞こえたんだ……。

それはホピの人だよ。アヤちゃんは、ホピって知っている？　平和の民と呼ばれている人たちなんだけど」と言ったのです。私はまたしてもホピという言葉を聞き、少し怖くなりました。

それから数カ月後。神戸と鎌倉で行われた平和イベントは、延べ2万人もの人々が集った一大イベントとなりました。私も紆余曲折ありながら、自分の役割をどうにかまっとうし終えると、急にホピのことが気になってきたのです。

◈ホピって、どんな人たちなんだろう◈

天河神社で、そして二風谷で聞いた「ホピ」というキーワード。平和の民と呼ばれている人たちとは、どんな人々なのだろう……。

インターネットでカタカナの「ホピ」と検索してみました。しかし、何も出てきませんでした。

思えば、この当時、パソコンのウィンドウズが出回り始めたばかり。検索サイトのヤフー！も誕生した直後で、グーグルはまだ世の中に存在していない、そんな時代です。アメリカ先住民の部族の名前が日本語で出てこなくても当然です。

私は「ＨＯＰＩ」と英文で入力し直して検索してみました。すると、英語のサイトがいくつか現れました。クリックしてみると、見たこともない不思議な人形たちがたくさん現れたのです。それがカチーナ（精霊人形）を見た最初の瞬間でした。

さらにページを進め、私は目が釘付けになりました。その中に「Aya」と表記されていたものがあったのです。私は心臓が破裂するのではないかと思うほどドキドキしました。

私と同じ名前！　ホピの「Aya」に会いに行かなくては！　強烈に私はそう思いました。

それからわずか数日後のこと。知り合いの友人だった女性から電話があり、話があるというので会ってみました。すると突然「来月、ホピの儀式に世界から8人が呼ばれていて、長老に贈り物を届けることになっているんだけど、あなたもその一人になっているの。だから来月、アメリカへ行きましょう」と言うのです。

あまりに急な話で、突拍子もない誘いだったので驚きましたが、不思議な出来事の数々を思うと、そこに行くのは必然に思えました。

2 ホピの地へ

私は、それまで一度もアメリカに行ったことがありませんでした。ニューヨークやロサンゼルスには、いつか行ってみたいとは思っていましたが、まさか最初の訪問地が灼熱のアリゾナになるとは想像すらしていなかったことです。

機内持ち込みできる程度の荷物で、と言われていたこともあり、ほとんど準備らしい準備もしないまま、さらに現地でのスケジュールもまったく聞かないまま、私は空港へ向かいました。その時の私は、ただただホピの大地に行けることだけが楽しみだったのです。

それにしても、謎めいたメッセージで集まる8人とはどんな人たちで、いつ、どんなタイミングで合流するのかしら……などと、ワクワクしながら指定された集合場所へ行ってみると、どこからどう見ても日本人にしか見えない人たちが十数人集まっていたのです。

聞いていた話と違うな……と思いながらも、その時にはさほど深く考えることもなく、私はその集団に交じり、アメリカ行きの飛行機に乗り込みました。

初めて見るアリゾナの大地は、とてつもなく広大で美しく感動的でした。

宿泊地はセドナ。今ではアメリカ屈指の別荘地として、また世界中からも大勢の人々が訪れる憩いの場となっていますが、当時は観光地としてあまり一般的ではなく、ホテルの数も限られていました。宿は、フランス人が持つ大きな別荘でした。この旅の現地ガイドをしてくれていた、チヅコという女性の知り合いの別荘を特別に貸してもらったようです。

そもそもセドナは、遠い昔、近隣に住む先住民の人々にとっての聖地であったといわれています。中にはホピの祖先のものではないかと推測されながら、未だはっきりとは解明されていない遺跡もいくつか残っています。ただ、そこで暮らしていた人々は14世紀頃には移動したと考えられ、その後、別の部族が住んでいた時期もありますが、19世紀終わりの西部開拓時代に白人がやってくると、ほかの地域同様に先住民は追い出されてしまいます。

１９７０年代にはヒッピーたちがセドナに注目し、超能力ブームが世界的に巻き起こった80年代には、セドナにボルテックス（磁場のエネルギー渦巻く場）があるという話が広まって、当時流行っていたニューエイジと呼ばれる人々の聖地となっていきます。

私が初めて行った90年代後半は、そうしたブームは下火傾向になっていましたが、21世紀に入ってスピリチュアルブームが到来すると、堰を切ったように一挙に多くの人たちが押し寄せる場となりました。セドナは、街をあげてパワースポットやボルテックスを売り物にして観光地化を図り、そうしたスピリチュアル系の人々の需要に応じたお店が立ち並ぶ場となっていったのです。

しかし今は、そうしたブームも落ち着き、健康的なハイキングや避暑を目的として、多くの人が訪れる街となっています。

◆天地創造を思わせるセドナの地◆

セドナの魅力はやはりなんといっても自然の造形美です。天地創造を思わせるような、大地から突き出した赤い奇巨岩群、そして青い空。建物は美しい景観を壊さないよう配慮され、森の脇に流れる小川では、穏やかに家族連れが遊び……まさにこの世の別天地ではないかと思わせる風景です。

セドナ滞在中、ボルテックスを含む観光名所に連日連れていってもらっていました。もちろん、美しい風景を満喫できるので、それなりに楽しくはあったのですが……肝心のホピの大地に行く話は何日経っても出てこなかったのです。それどころか、私が参加したこのツアーは、セドナで行われるあるセミナーに参加する人たちのために企画されたものだということが後からわかりました。

私もアメリカに着いた後、セミナー参加を促されましたが、全く興味が湧かず、参加する気にならなかったので、一人、その日はフリータイムとさせてもらうことにしました。それより、私はまだ見ぬホピの大地への想いを連日募らせながら、セドナでの日々を過ごしていたのです。

アメリカ滞在も残すところ後数日となった時、私はしびれを切らして、旅を主宰している女性にホピの地へはいつ行くのか聞いてみたのです。すると、その女性は顔色一つ変えることなく「今回はホピには行きませんよ。当初からそんな計画もしていません」と言うのです。私は耳を疑い、そして絶句しました。

私は懸命に、彼女自身がこのツアーに私を誘ってくれた時の言葉を伝えてみたのですが、逆に驚かれてしまい、「世界から8人？　長老への捧げもの？　何を言っているのかまったくわからないし、ホピに行く予定は最初からまったくないです」と言い放たれてしまったのです。

そこからは彼女と口論となってしまいました。ただ、言った、言わないという話は平行線のまま。私は「多分、ツアーの人数合わせのためにだまされたのだ」という思いに辿り着き、もう口論する気も失せてしまい、無言で部屋に戻りました。でも、悲しさと悔しさは募るばかり。その夜、私はほとんど寝つけないまま過ごしました。

ところが翌日、主宰者の女性が皆を集めて次の日の過ごし方を相談して決めようと、突然提案してきたのです。それまでは主宰者の女性とガイドのチヅコで予め決めていた行き先に、私たち参加者が従うというものでしたが、多分、前日の話を配慮してくれてのことだったのでしょう。

私にとってはホピに行けるか否か、最初で最後のチャンスでした。渾身の思いを込めて、知る限りのホピについての知識や自分自身の想いも伝え、行ってみないかとプレゼンしてみたのですが、ほかの人の反応は悪く……。

私からすると、ホピの地はセドナから車であと3時間も行けば辿り着ける場所という認識でしたが、興味のない人にとっては往復６時間もかかる遠い場所のように思えるようでした。さらに、翌々日は私以外の全員が、この旅の目的であったセミナーの日でした。「遠くへ行きたくない」という意見が出てきた時には、もう無理だな、と半ば諦めかけていました。でも、そんな声をかき消すように「私、話を聞いていてホピのところに行ってみたくなってきました」と手を挙げ、声を出してくれた女性がいたのです。その声に続くように「実は自分も行ってみたい……」と次々に手が挙がり、最終的には全員一致でホピの村へ行こうということになったのです。私は前夜とはまったく違い、喜びと興奮でなかなか寝つくことができませんでした。

翌朝、アリゾナらしい真っ青な空の下、私たちは何台かの車に分乗し、ホピの村に向けて出発しました。１週間以上セドナに滞在していましたが、長距離移動はこの時が初めてでした。乾き切った大地をひた走りに走り、セドナとは異なる巨大な岩盤がいくつも現れ、さらに車を走らせると、垂直に盛り上がったメサと呼ばれる台地がはるかかなたに見えてきました。ガイドのチヅコが「遠くに見えるのがホピの居留地です。ホピでは撮影も録音もスケッチも禁じられていますので、カメラを使えるのはここまでです」と言ったので、私たちは何枚か写真を撮り、そしてカメラをトランクの中に仕舞い込みました。

カチーナ「Aya」との出会い

ホピの大地に入り、私たちは、まずはホピ・カルチャーセンターに向かいました。そこは、ホピの居留地のほぼ中央にある唯一といっていい宿泊施設です。博物館なども兼ね備え、お店も何軒かあるため、ホピを訪れるほぼすべての人が訪問します。また、大きなファミリーレストランもあるので、ホピの人々にとっても、カフェ代わりにしたり、手軽に外食が楽しめる憩いの場でもあるのです。

私たちが到着したのは、ちょうど昼前。アリゾナの灼熱の太陽は秋に入っていても容赦なく照り続けていました。私は静かに興奮しながらホピの大地に初めて足を下ろしました。言葉にならない喜びに包まれていると「少しフリータイムにします」とガイドのチヅコが言ったので、三々五々それぞれ好きな場所に行くことになりました。私は、カルチャーセンターの入り口から少し離れた場所に、テーブルを並べている人たちが気になったので近づいてみました。彼らは傍らの犬と共にのんびりと座っていましたが、私に気がついた一人のおじさんが、満面の笑顔で手招きしてくれたのです。

テーブルの上にはカチーナ人形が3体。インターネットでは何度も見ていましたが、この時、初めて本物のカチーナを見て、ただただ感動していました。でも、その時、急に私はホピに来た目的を思い出したのです。そう。私はホピで「Aya」のカチーナに会いたいと思っていたのではないか、と。

「Ayaはありますか?」と、私が問いかけると、おじさんは「Ayaなら目の前にいるこれさ」と、いとも簡単に真ん中の虚無僧《こむそう》のような、宇宙人のような不思議な板状のカチーナを差し出したのです。ネットで見ていたAyaは立体的で立派なものだったので、目の前の板状の不思議なそのカチーナがAyaだとはまったく気がつきませんでした。

カチーナの数はおよそ300種類近くあるということは事前に調べて知っていたので、まさかこんなに早く、それもホピに着いて真っ先にAyaカチーナに出会えるとは思ってもいませんでした。私は、迷うことなく速攻でそのカチーナを購入し、お金を支払いながら、私自身の名前もAyaであるということ、そしてAyaのカチーナに会うために日本から来たことを話したのです。

すると、おじさんは凄く驚いた様子で「本当か?」と聞き直し、私が頷くと「おい、Ayaが来たよ。彼女の名前はAyaというらしいよ。日本からAyaが来たよ」と周囲の人々に大声で言ったのです。私は、あっという間にホピの人たちに取り囲まれました。この時ほど、私は親がつけてくれた名前に感謝したことはありません。

おじさんは別れ際、「Ayaは、平和のメッセンジャー的ランナーなんだよ」と教えてくれました。

『平和のメッセンジャー……』

何度もこの言葉がグルグルと私の中で巡りました。

昼食時、ガイドのチヅコから「午後から、ファーストメサにある電気もガスも水道もない古い村、ワルピ村に行ってみましょう。その帰り、その近くの村に知り合いがいるので、そこも訪ねてみようと思います。電話がないので、彼女がいれば、という限定付きですが」と提案がありました。

ワルピ村は、ホピのいくつかの村同様に、アメリカ合衆国最古の村の一つとされ、石造りの集合住宅ともいえる歴史的建造物として保存されています。崖に突き出すような景観は圧巻で、ここに初めて来た人は、ホピの村に来た、と感激する人も多いかもしれません。

ただ、この村に入るためには、入村料を支払い現地ガイドと共に歩くことが必須条件となっています。これは逆にいえば、お金を払えば誰でも入れる観光地的な場所になっているともいえるわけで、事実、ホピに観光で来た人の圧倒的大多数は、ワルピ村を見学しています。これでは村人たちは暮らしにくいに違いありません。

そのためか現在は、ファーストメサから下りて少し離れた場所に、ワルピ村の集団移転住宅地があり、村人の多くは、日中だけ上の村に滞在し、観光客に向けて何かしらの商売を行いながら生活している人も多いといいます。

しかし、ひとたび儀式となると、やはりホピの古村。観光客の入村は禁じられ、昔ながらの儀式が保たれています。

私が最初にホピを訪問した90年代の終わり頃は、まだワルピ村に多くの人が暮らしていました。狭い道を挟んでぎっしりと家が連なる中、列になって歩いたのですが、否が応でも随所で窓や開いたドア越しに普通に生活する人々の姿が見えました。私はホピの古い村の中を歩くという嬉しさより、罪悪感のようなものを感じていました。

ファーストメサを下りてポラッカ村までやってくると、ある家の前で車が止まりました。ガイドのチヅコは私たちに車の中で待機しているよう言うと、その家の中に入っていきました。ややしばらくして扉が開くと、ダボダボのTシャツにダボダボとしたパンツ、そして長い髪の毛をかきあげながら、大きな目をクリクリとさせた小柄な女性が立っていました。私たちは手招きされ、車から降りて彼女に一人ずつ挨拶しました。それがホピで最初の友人となるロアーナとの出会いでした。

ロアーナは私たちを家の中に案内すると、突然の訪問にもかかわらず飲み物を出してくれました。その後、裏の畑も案内してくれたのですが、正直なところ具体的にどんな会話になったのかは、覚えていません。ただありがたいことにチヅコが会話の隙間を見つけて、ロアーナに、私がホピへの特別な思いを持ってアメリカにやってきたことや、私の強い希望で今回ホピを訪問していることなどを伝えてくれていました。

そして皆で帰ろうとした時でした。ロアーナが突然、私を呼び止めたのです。

「アヤ、あなたは今夜ここに泊まらない？　明日からセレモニーが始まるから、それに参加するといいわ」

私はその誘いが素直に嬉しく、できるものなら泊りたいとも思いましたが、一人残って泊まったなら、セドナに戻れなくなるばかりか、日本にも帰ることができなくなると、容易に想像がつきました。私は、とても嬉しいがそれは不可能だ、と伝えようとしたその時でした。ロアーナが「やはり、今夜はセレモニーの準備が一晩中あって、泊まってもらっても、ゆっくり話すことも寝てもらうこともできないから……。明日もう一度いらっしゃい。明日の朝、ちょうどセドナから日帰りでやってくるという友人がいるから。彼女に連絡が取れたら、連れてきてもらえるように頼んであげるから」

そう言うと、その友人の電話番号をメモに書いてチヅコに手渡したのです。そしてロアーナとチヅコとが交互に電話に出てくれるというかたちで、翌日の私の予定を決めてくれたのです。

さらに幸いだったのは、翌日は、私以外の全員が目的のセミナーに朝から晩まで参加するため、私だけはまったくのフリーの状態だったということです。

8人の招待客

翌朝、私はほかの人たちに見送られるかたちで、迎えにきたワゴン車に乗り込みました。既に車の中はほぼ満員状態でした。フランスからやってきた年配の夫妻と、ロサンゼルスから来た2人組の女性がそれぞれ並んで座り、ドライバーの女性の横の助手席にはプエルトリコから来たという男性が座っていました。私はメキシコからやってきたナヤという女性の隣に座ることに。

この人たちがどういう関係でその車に乗り合わせているのか、よくわからないままでしたが、とにかくバラバラの場所から集まったということもあり、まずは自己紹介をすることになったのです。

ほかの人の挨拶は辛うじてどうにか聞くことはできても、問題は私の自己紹介。酷いブロークン英語しかできない私は、どうやって自己紹介したらよいのかドキドキしながら考えていたのですが、鞄の中にアイヌの口琴、ムックリを忍ばせていたことを急に思い出しました。ホピの地でコミュニケーションに困った時は、これを奏でてみようと鞄の隅に入れていたのです。まさに、この時使わずしていつ使うのだ、というタイミングでした。私は下手くそながらも懸命にムックリを演奏すると車内から歓声があがり、そこからは一気に壁が取れて皆と親しくなれました。

特に隣の席のナヤとはかなり親しくなりました。ナヤはマヤ文明の研究者でした。ホピとマヤとの関係を調べるために頻繁にホピの地に通っているということで、私たちは終始車の中でお喋りしていました。

どのあたりだったか、車がスーパーの前で止まり、ガイドドライバーの女性がマイクで「今日はセレモニーに参加させてもらうため、皆さん、ここで長老に贈り物を選んでください」とインフォメーションしました。私とナヤは何を選んだらよいのか見当もつかずウロウロしていると、私たちの姿を見かねたのか、ガイドドライバーの女性が近寄ってきて「あなたたちは、タバコを贈ったらいいわ。ナチュラルなタバコはセレモニーの時に喜ばれるの。そうしなさい」と言って、タバコの銘柄まで選んで手渡されました。

そのタバコを持ってレジに並んでいた時、私はあることに急に気づいて、声を出しそうになりました。私を含めて車の中には8人。それも世界中から集まった人々が、儀式の時、長老に手渡す贈り物を今、まさに購入しようとしているのです。

旅の主宰をした女性と口論にまで発展した話……誘われた時に聞いた話が、まさにすべてその通りになっていたのです。

私はホピに辿り着くまでの数々の出来事を思い出し、人智を超えた凄いチカラによってホピの大地に引き寄せられているのだと強く感じました。

Ayaは平和のメッセンジャー

その日セレモニーが行われていたのは、ファーストメサにあるシチョモヴィ村というところでした。ドライバーガイドの女性は、いろいろ詳しく知っているらしく、私たちを昨日会ったロアーナの実家に連れていってくれました。

ロアーナはセレモニーの準備をするため既に広場に行っていましたが、彼女の娘、バレンシアが私たちを出迎えるため、料理の準備をしてくれている最中でした。バレンシアが用意してくれていた伝統食は、どれも素晴らしく美味しいものばかりでした。今でこそ、ホピ・カルチャーセンターの食事は美味しくなっていますが、当時のレストランの食事は、正直なところ美味しいといえるものではありませんでした。前日カルチャーセンターで食べたものがホピ料理だと思っていた私の認識は、バレンシアの料理のお陰で大きく変わりました。

満腹になった私たちは、バレンシアにお礼を告げて、いよいよセレモニーが行われているプラザ（儀式を行う広場）へ行くことになりました。贈り物は両手で持って歩くように言われ、私はおずおずとタバコの包みを両手で持ち、皆に続いて向かいました。

この日、プラザの上に縦に伸びる虹がかかっていました。この虹はホピ・レインボーといって、この虹がかかる日は、とても良いことがあるのだと、誰かが教えてくれました。プラザの入り口を入るとベンチにもパイプ椅子にも、そして屋根にも人がいっぱいでした。私は、その光景をなぜかとてもとても懐かしく感じ、故郷に帰ってきたような錯覚を覚えたのです。

プラザ中央では、既にカチーナダンスが始まっていました。カチーナ（精霊の面や装束をつけた踊り手）たちが、いくつかのグループに分かれて、聖域キヴァから出てきてダンスを踊っています。この姿を目の当たりにし、私は言葉にならない衝撃を受けました。

グループの踊りが終わり一区切りついた時、私たちは呼ばれ、一人一人長老に捧げものを渡すことになりました。私の順番になり、ドキドキしながら用意してきたタバコを差し出すと、長老は私の頭に手を乗せて何やら祈ってくださったのです。すると暖かい何かが手を通し私の身体に伝わってくるのを感じました。

頭が少しぼんやりとしたまま、元居た場所に戻ると、黒のドレスにホピベルトを腰に巻き、全身民族衣装を身にまとったロアーナが立っていました。前日のラフな姿とは打って変わって凛《りん》とした姿でした。彼女は私を見つけると手を振りながら駆け寄り、楽しんでいるか聞くと、また集団の中に戻っていきました。

その日のロアーナはとても忙しそうでした。彼女がこの祭りの中で、どのような役割を担っているのかはわかりませんでしたが、周囲の人たち同様に部族の誇りを持っていることは強く感じました。いくつかのグループが踊った後、短い休憩時間になり、私はロアーナと少しでも話せるかと思い、目で彼女を探していました。すると、彼女は広場の隅にしゃがみ込み何かをしていたのです。目をこらしてよく見ると、落ちている小さな石を拾い集めていました。多分、裸足のカチーナダンサーが怪我をしないよう、配慮してのことでしょう。私の目にロアーナの姿がとても恰好よく映りました。

どのくらい、その場にいたでしょうか。ドライバーガイドの女性が「そろそろセドナに戻る時間なので」と呼びにきた時には、もう陽が暮れかかっていました。プラザではまだカチーナダンスが続いていて、私の魂は「このまま村に残りたい」と強く叫んでいましたが、叶うはずもないことは百も承知していました。ロアーナとバレンシアに最後に挨拶をしたいと思ったのですが、儀式の手伝いをしていたのか見当たらず、結局、そのままプラザから離れて車を駐車していた方向へ歩き出しました。

私はもう二度とここに来ることはないのだろうと思うだけで、悲しくて涙が止めどもなくあふれ出してきました。きっと最初で最後になるだろう風景を目に焼き付けようと涙をぬぐいながら何度も振り向き、そして車に乗り込もうとしたその時でした。ロアーナとバレンシアが走ってきて、交互に私を抱きしめると、「アヤ、泣かないで。あなたは必ずホピに戻ってくるから。ここはあなたと繋がっている大地なのよ。またホピに帰ってくる日を私たちも楽しみにしている。だから、寂しがらなくていいのよ」という言葉をかけてくれたのです。私はその言葉が嬉しくて、今度は違う涙が頬を伝い落ちました。

セドナに戻ると、日本人ガイドのチヅコが解散場所まで迎えにきてくれていました。私は助手席に座ると、チヅコにこの日あったことや感じたこと、そして本当はホピの大地から離れたくなかったことなど一気に話しました。彼女は黙って私の話をすべて聞いてくれた後、ポツンと「アヤさん……。そうあなたはアヤ」と呟き、言葉を続けました。

「あなたが探しにきたホピのAyaは、どんな役割の聖霊だった？　確か平和のメッセンジャーだったんじゃなかった？　メッセンジャーというのは、留まってはいけないのよ。多くの人に伝えるのがメッセンジャーの役割だから。それを確認するために、ホピの村にあなたの魂が戻ってきたのよ。

あなたは昔ホピだったのかもしれない。ようやく魂が故郷に戻ってきたのに、またすぐに離れなきゃならなかったから、そんなに悲しかったのだと思う。でもロアーナたちが言ったように、いつでもまた戻ってくることができるから。だから、あなたは、平和のメッ

ロアーナ

センジャーとしてこれからする仕事がきっとあるのよ」

私は車の窓をあけて、大きく息を吸い込み、空を見上げました。夜空には、ぽっかりと満月が浮かび、そこに綺麗な月輪がかかっていました。

3 マーティン長老

ロアーナたちの言葉通り、私はそれから何度もホピの大地に通うようになりました。恥を恐れず告白すると、私は英語力も乏しく運転も苦手なのです。アメリカで国際運転免許証を見せるのはレンタカーを借りる時ぐらい。ありがたいことに、ほとんどはスタッフが運転をしてくれていますが、何かしらの事情でスタッフが行けない時には、友人たちや家族の助けを得て現地へ向かっているのです。そんな有様ですが、私はこれまで数えきれないほどホピの地に通い、数多くの大切な友人もたくさんできました。

ホピの友人たちと出会う経緯もさまざまで、一人一人との出会いが尊く、思い出深いものなのですが、中でも最も忘れられない奇跡的な出会いがあります。

サードメサのホテヴィラ村で暮らしていた、今は亡きマーティン長老と私との出会いは、大いなる存在に導かれて、としか説明のつかないものでした。

大いなる存在に導かれて

ホピの人たちとの縁ができてから、何年目のことだったでしょうか。ある時、「あなたに出会わせる人物がいるから、ホピの大地へやってこい」という声が、突然どこからともなく聞こえてきたように感じました。

この時は錯覚だろうと思っていましたが、数日後、同じメッセージを今度は夢で見たのです。

もしかするとホピの神様から本当に呼ばれているのかもしれない……。そう思いながらも現実問題として、先立つものがなければ行くこともできません。

私は冗談半分に「もしも本当に呼んでくださっているのなら、行くためのお金も準備してください」と呟いてみました。すると数日後、思いがけない仕事が舞い込み、相応額のお金が急に振り込まれてきたのです。これは本当に呼ばれている！　と確信しました。

私は関西で旅行会社を運営しているみどりさんと、私の事務所でスタッフになったばかりのキョウちゃんに声をかけました。

みどりさんも、ちょうどタイミングが良かったこともあり、早速航空券を3人分購入し、宿も予約したところで、ハタと考えました。私はいったい誰と出会えばよいのだろうかと。

ホピの村は厳密に分けると13あります。村が誕生した経緯はそれぞれ理由があり、また村によって文化も風習も、また考え方すら異なっているところもあり、私はどこを目指して行けばいいのか数日考えました。そして、サードメサにあるホテヴィラという村に行くことにしました。なぜなら、ホテヴィラ村が誕生した経緯が、ホピの歴史の中でも最もセンセーショナルなものであり、それに関連した人に会う必要があると直観的に思ったからです。

ホピの伝統派によって誕生したホテヴィラ村

今から100年以上前。ホピの地にも近代化の波が押し寄せてきて、それをどう受け止めるかということで、大きく揺れた時代がありました。特に当時ホピの首都の役割を果たしていたサードメサのオライビ村では、白人の近代文化を積極的に取り入れようとする推

地面の岩に刻まれた、1906年の「押し合い決闘」のライン

進派と、ホピの伝統的な文化を守ろうとする伝統派で村は大きく二分し、一歩も譲らない状態となったのです。そして１９０６年、ついに推進派のリーダー、タワクワプティワと伝統派のリーダー、ユキオマとの間で決闘が行われることになりました。

決闘といっても、そこは平和の民、武器などを使っての殺し合いの戦いではありません。白い線を1本引き、胸の前に手を置いて互いに押し合い、その線から出たら負け、という押し合いの決闘です。多くの人々が見守る中、長時間続いた決闘の結果、伝統派のリーダー、ユキオマが負けました。ユキオマと彼を支持していた伝統派の人々は、その日のうちにオライビ村から出ていくこととなったのです。こうして、この人たちによって作られたのがホテヴィラ村でした。

ホテヴィラ村に行くことは出発前に決めたものの、誰と会えばいいのかは、その時点では見当もつきませんでした。とにかく行ってみるしかない。

こうして、急遽、何度目かのホピへの旅が始まったのです。

日本から飛行機を乗り継ぎ、ただひたすら私たちはホピの村を目指しました。ホピ・カルチャーセンターで荷物を置くと、休む暇もなくフロントの女性にホテヴィラ村までの行き方をメモ書きしてもらい、目的地のサードメサを目指したのです。すべては、神の導きに任せて……。

ホピ・カルチャーセンターから30分ほど走り、ホテヴィラ村の標識が見えてきた時、ハンドルを握っていたみどりさんが「この辺りじゃない?」と言って車を止めようとしました。でも、私は絶対もっと奥に行くはずだと思い、そのまま進んでもらいました。舗装道路が終わり砂利道に入ると、みどりさんは不安そうにしていましたが、私は、「その二股の木を右に」とか「先のゆるやかなカーブを抜けて左に曲がって」など、まるで来たことがあるかのように的確にナビゲートできたのです。

「ここで止めて！」「え？　ここ？」「そう。ここ」

直感的にそこだと思いました。直感とは経験値に基づいているという話を誰かから聞いたことがあります。それまで幾度となくホピの村には行っており、私はプラザ（広場）のそばの古い家並みの場所以外にないと思ったのです。

車から降りて歩くと、真正面の家のドアが少し開いて、こちらを窺っている少女と目が合いました。私は、その少女の方に歩み寄ろうとしたのですが、見知らぬ外国人が近づいてきたのが恐かったのか、家の中に入ってしまいました。

次に目に入ったのは、斜め横の家の前で、椅子に座って雑誌を見ていた中年の女性でした。彼女も私たち異邦人が気になるのか、チラチラこちらを見ていました。多分、好奇心があったのでしょう。彼女の方から「誰か探しているの？」と声をかけてきたのです。

その女性は陽気な笑顔の持ち主で、ロジャースという名前でした。私はこの村に来た経緯と、誰かに会わなければならないけれど、それが誰なのかわからないということを伝えました。最初は意味がわからなかったようで「村の誰に会いたいのか言ってもらわないと紹介しようがないわ」と繰り返していました。そして、ようやく事情をのみ込んでもらい、「その、会うべき人はどんな感じの人だと思うの？」というので、私は適切な言葉が見つからず、とっさに「多分、村で最もスピリチュアルな人だと思います」と伝えてみました。

スピリチュアルという言葉は、日本では本来の言葉からかなり遠ざかって使われている傾向があるように思います。ですから普段、私は極力スピリチュアルという言葉は使わないように避けています。でも、ホピにおいてはそんな心配は無用だということはわかっていました。

するとロジャースは大きく微笑んで「それなら、私だわ！」と言ったので、私は素直に目の前にいるこの女性こそが今回出会うべき人なのだと思ったのです。そして万感の思いを込めて「私はあなたと出会うために、日本から来ました。会えて嬉しいです」と言いながらハグをしたのです。

すると、噴き出しながら大笑いして、「ごめんね。違う、違う。冗談よ。確かにこの村の人たちは、みんなスピリチュアルだし、私もそうだけど。その中でも、最もあなたが会うべき人物がいるわ。それはあの少女のおじいさんよ」

そう言うと、先ほどの少女を手招きしました。少女が恥ずかしそうに、でも嬉しそうにやってくると、「おじいさんはトウモロコシ畑で作業をしているので夕方まで戻らない」と言いました。

ロジャースは、良ければ戻ってくる時間まで、村の貯水池で水を汲んだり、畑作業を一緒にしたりしてみないか、と提案してくれたのです。私は小躍りしたい気持ちになりました。なぜなら、神話と生活が今も結びついた生活をしているホピの人々にとって、砂漠に降る雨水は天の恵みであり、畑作業は神と約束をした祈りの作業だということを知っていたからです。

私たちは、彼女に手渡されたバケツとスコップをそれぞれ持って彼女の後ろをついていき、住居エリアからやや離れた貯水池で水を汲み、さらに長い石畳の階段を下って畑に向かいました。最初は彼女の畑を手伝っていましたが、途中、近所の人からも手伝ってほしいと声がかかり、気がつくと私たちは夢中で畑作業をしていました。

「そろそろ戻りましょう……」というロジャースの言葉に手を止め、立ち上がって後ろを振り返ると、見たこともない大きな夕日がホピの大地を真っ赤に染めながら静かに沈むところでした。私は、ただありがたくその夕日に手を合わせて、すべてに感謝し世の平和を祈りました。


村のプラザまで戻ると、先ほどの建物の玄関前に座る人の姿が、薄明かりの中に見えました。私には瞬間的に、この人が会うべき人なのだということがわかりました。

そこに、一足遅れで先ほどの少女が駆け寄ってきて、「おじいちゃん。私のお友達よ！」と紹介してくれたのです。

◆約束されていた出会い◆

「まぁ、とにかく入りなさい」

私たちを家に招き入れてくれた人物の名は、マーティン・ゲスリスウマ。この時75歳。彼の生活は至ってシンプルで、水もガスも電気も使わない暮らしぶりでした。

私はここにやってきた経緯を話そうとしましたが、耳が遠いことと、英語があまり得意ではないということで会話がうまく繋がらず、マーティンはランタンを持ってきて灯の下で筆談しようと提案してくれましたが、室内が暗すぎたことから、それもうまくいかない状態でした。それでも穏やかな目で、一生懸命私の話を聞こうとしてくれていたのですが、突然立ち上がり、「娘婿のエメリーがホピ語と英語の通訳をしてくれるので、彼のところへ行こう」と、外に出たのです。

訪ねた家では、ちょうど夕食の真っ最中でした。申し訳なくて小さくなって隅で待っていると、「話ができる態勢が整ったから、こちらに」と私たちはテーブルに呼ばれました。しかし、長老のマーティンは「私はもう年寄りだから、私より若い彼の話を聞いた方がいいかもしれない。彼は大切なことを良く知っているよ」と告げると、外へ出ていってしまったのです。

本当はマーティンと話をしたかったので私は戸惑いましたが、こうした流れもすべて創造主の意思ならば受け入れるべきなのだろうと思っていたところに、エメリーが「どうしますか?」と聞いてきました。私はここにやってきた経緯のすべてを伝え、こうした流れからすると、今、目の前にいるあなたの話に耳を傾けるべきなのではないかと思うと伝えると、彼は静かに首を横に振りました。「そういうことなら、なおさらあなたはマーティンの話を聞いた方がいい。明日になれば彼は元気になるから。彼にちゃんとあなたが来た経緯も伝えておくから、明日、ここにもう一度おいで」と微笑んでくれたのです。

私が、何時に来たらいいか質問をすると「あなたのスピリットが、この大地のスピリットに導かれてやってきたのです。そのスピリットが示す時間に合わせましょう」と言ってくれたので、「では、午前10時に」と私は自然と返答していました。

外に出ると、こぼれんばかりの満天の星空が瞬いていました。そしてプラザまで戻るとマーティンが立っていました。どうやら待っていてくれたようで、私が駆け寄るとマーティンは深く刻まれたシワクチャの笑顔で、何も言わず私の両手を取って握りしめ、そして強くハグしたのです。私とマーティンの間には、言葉は不要でした。そして、この出会いは約束されていた出会いであるということを、互いのスピリットが感じ取っていました。

翌朝、約束の時間よりやや早く着き、家の前に車を停めて待っているとエメリーが出てきて、快く中に招き入れてくれました。私たちがソファーに座っていると、マーティンは正確な時計のように、午前10時ぴったりにやってきました。

しばらくマーティンとエメリーがホピ語で話していましたが、ゆっくりこちらを向くと「これから、とても大切な話をするので、互いに通訳を通しましょう」とエメリーが言いました。マーティンはすべてホピ語で語り、それをエメリーが英語に訳し、それをみどりさんが日本語に訳して私に伝える、というカタチになりました。

話は、マーティンの子ども時代から始まり、徐々に年齢があがり、やがて青年期。彼がビジョン・クエストを行った時の話に及びました。

ビジョン・クエストとは、ホピに限らずアメリカ先住民の人々の間で、時に行われる通過儀礼のことです。人生の転換期を迎えた時期、ただ一人で数日間、荒野や森、洞窟など指示された場所に籠《こ》もり、時には断食を伴いながら、精神がスピリットに繋がりビジョンを受け取るようにするのです。本来、ホピに限らずビジョン・クエストの話の内容は、むやみに人に語ってはならないことになっています。でも、その時マーティンのスピリットが何かに語らされていたのでしょう。彼は語り続けていました。

マーティンの叔父さんは、ホテヴィラ村を設立した伝統派のリーダー・ユキオマでした。

そのユキオマからマーティンが言われた言葉、託されたこと、さらにやがて来るであろう浄化の日と呼ばれる日の話など……。初対面の私に一気に話してくれたのです。すべて衝撃的な内容でした。

そして、一族の石板の正当な管理者になった時の話を語ってくれたかと思うと、おもむろにマーティンは布に包んでいた石板のレプリカを取り出し、私に手渡し、両手で私の手を包み込みました。そして、マーティンが私に向かって言ったのです。

「いいかい、この石板の色や形、重さをしっかり覚えておきなさい。いつか本当に必要になった時、その記憶が必要になることがあるかもしれないから」

私が驚いていると、マーティンは続けて言いました。

「実は数日前、突然スピリットからメッセージがあってね。間もなく、ある人があなたを訪ねてやってくる。だから早くホピに戻りなさい、とね。

その時、私はホピの村から離れたところに滞在していたから、慌てて帰ってきたんだよ。どんな人が来るのかは教えてくれなかったけれど、誰かが来ることは知っていたから、君を待っていたんだよ」と。

その日のその時間は、まるで違う時間軸の中に入り込んだような、そんな感覚の時間でした。それがマーティンとの運命的な出会いとなり、いつしか、マーティンは私を親しげにアヤと呼んでくれるようになりました。

私たちは、時に通訳を挟み、時に二人きりで話をしました。最初の困難な会話が嘘だったかのように、言語の壁を超えて会話できたのが今でも不思議です。

ホピの世界観

ある時、マーティンが、アヤに見せたいものがあるといって『ロードプラン』と呼ばれる岩絵の前まで一緒に行ったことがあります。ロードプランの岩絵は１９０４年、当時オライビ村に暮らしていたケツィヴェンテワとウィクヴァヤという人物によって描かれたものだそうです。１９０４年というと、その2年後の１９０６年、マーティンの叔父であるユキオマが、オライビ村で「押し合い決闘」をする直前のことです。サードメサの中では、伝統派の人々が、これから向かう世界の状況をかなり憂えていたのでしょう。

ロードプランの岩絵

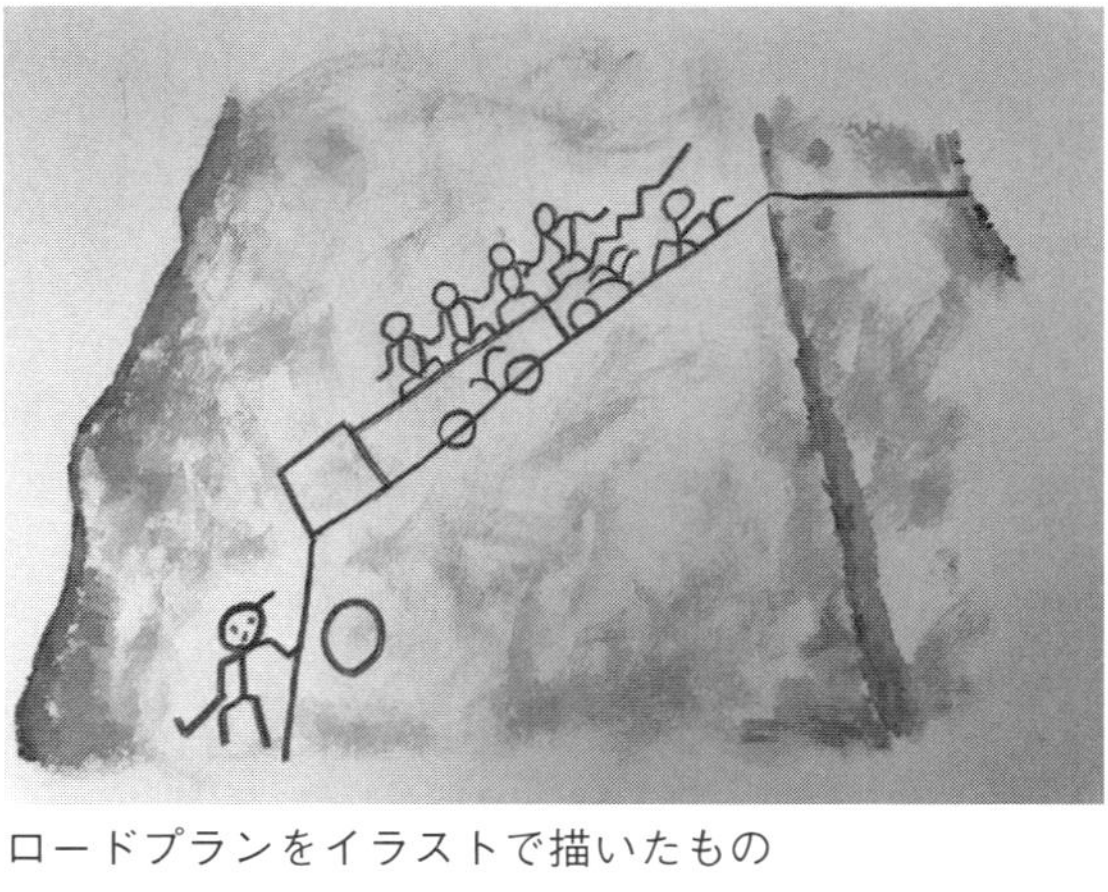

ロードプランをイラストで描いたもの

マーティンはあたりに落ちていた棒を拾い、「アヤ、これから私が語る話を、よく覚えておきなさい。今度はアヤが人をここに連れてきて、君自身の口からしっかり説明するんだよ」と念を押し、その岩絵の内容を丁寧に説明し始めました。

「この世界はすべて宇宙エネルギーと繋がっていてね。太陽や星の巡りと人の営みも繋がっているんだよ。

在りし日のマーティンと筆者

下の人物は、大精霊マサウだ。彼が持っている棒にはライフプランという２つの道が刻まれている。上の線は、物質文明に翻弄され欲にまみれながら生きる道。そして下の線は、謙虚に慎ましやかに生きる道。下の線は、まさに大精霊マサウと約束をしたホピの生き方の道だ。

下の線に重なる３つの○は世界の大きな変化を表している。手前の２つの丸はもう既に終わった。世界大戦の印だ。そして3つ目の○は戦争ではなく、大いなる浄化の日。その浄化の日の前に、人類は生き方考え方すべてを変えるかどうかが問われているんだよ。

なぜなら、浄化の日を誰も避けることはできないからさ。欲にまみれ、物質文明に翻弄された生き方を選び続けているものに、未来はない。この浄化の日に、多くの人類が息絶えるとされているんだよ。でも、その日までに下の道の生き方に人類が選択を変えていれば、未来永劫まで平和は続き、腰が曲がるまで穏やかに生きていけるよ」

そういうと、マーティンは下の線に棒をあてて、その線が岩の後ろにまで続き、天まで伸びていることを指し示してくれたのです。

この言葉をマーティンから聞いた日のことを、私は生涯決して忘れることはないでしょう。

4 伝統を生きる人々

ホピと関わりを持つようになり20年。この歳月の中で、実に多くの出会いがありましたが、運命を変えるほどの出会いとなったのは、アーヴィンとジェラルドという、二人のホピジュエリー・アーティストとの出会いかもしれません。

ホピと縁ができてから10年を迎えようとしていた２００７年頃のことです。当時テレビ番組の企画が持ち上がり、打ち合わせを兼ねてホピに行く準備をしていました。アリゾナ行きの航空券を購入した数日後、奇遇にも知人からホピと、彼らに文化が近いズニ族のジュエリー・アーティストによる、偽物インディアンジュエリーに対する啓蒙活動と、彼ら自身のジュエリーショーが日本で開催されるとの知らせを受け取りました。これは偶然ではない気がして、私はアメリカに同行するスタッフのキョウちゃんも誘い、二人で会場に出向きました。その会場で意気投合したのが、セカンドメサのションゴポヴィ村出身のジュエリー・アーティスト、アーヴィンとジェラルドでした。

私たちが「10日後にはホピに行く」と伝えると、彼らはそれぞれ携帯番号を名刺に書き入れ、現地での再会を約束してくれました。

テレビ番組の企画は出発直前に立ち消えましたが、まるでその時期にホピ行きを促すかのような不思議な流れでした。結局、まったくの白紙状態で現地のスケジュールがなくなった私は、長い間立ち寄ってみたいと思いながら行っていなかった場所へ行くことにしました。それは、かつて私が最初にホピへ行った旅で、人生初となるホピジュエリーを買ったセドナの店でした。

私の心をつかんだホピのペンダント

セドナに限らずアメリカ西部近隣の観光地では、ホピのジュエリーやカチーナと表記した偽物を売っている店が数多くありました。しかし、初めてホピの大地へ行った旅のフリータイムで、たまたま立ち寄ったこの店は、そうした類の店とは明らかに違うことが一瞬でわかりました。当時の話で、オーナー夫妻とホピの作家たちとの付き合いは既に30年以上になるということでした。上品で優しい笑顔の二人は私を静かに店内へ招き入れてくれました。

センス良くホピジュエリーやカチーナドールが陳列された店内は、ホピの清らかな気で満ちていました。店内にあるものすべてがどれも美しいものばかりでしたが、中でもショーケースの中に飾られていたペンダントトップに目が釘づけになりました。

それはホピジュエリーの中でも珍しい、リバーシブルのペンダントトップでした。片面はサンフェイス（太陽の顔）、そしてもう片面は熊の手（ベアーハンド）が描かれており、その中央に大きなアパッチブルーのターコイズが嵌《は》め込まれたものでした。さらに、驚くべきことに、私が生まれた年に制作されたものであるということがわかりました。

オーナーはショーケースから取り出すと、私の手のひらにそっと置いてくれました。その途端、そのペンダントトップはまるで磁石でもくっつくかの如く、スッポリと私の掌に収まったのです。

作者はアリゾナ州の〝人間国宝〟に指定された人で、これまでも数多くの賞を受賞しているという話でした。オーナーは、ショーケースの中に入っていたカードを出して見せてくれました。

「トウモロコシは我が人生、ジュエリーは私の趣味……。」

ホピが約束の大地にたどり着いた時、大精霊マサウと「トウモロコシを植え育てながら世界の平和を祈り続ける」と約束したことを、今も守り続けていることを象徴するような素晴らしい言葉だと思いました。そのジュエリーはほかのものに比べて群を抜いて高額でしたが、私の心は決まっていました。

それから、そのペンダントは何年もの間、私の宝物であり、お守りになりました。リバーシブルだったこともあり、その日の気分でどちらの面を表にするか決めながら、毎日のように着けていました。

ところがある時、そのペンダントをこともあろうか、ホピの大地で紛失してしまったのです。いや、紛失というよりは消えたといった方がいいかもしれません。

ある年、慌てて部屋を飛び出してしまい、そのままペンダントを誤ってホピ・カルチャーセンターの洗面台に置き忘れてきてしまったのです。

しばらくしてから気がつき、電話をかけた時には「忘れものの中に確かにある」ということだったので、私はホッとして「次に訪問する時に必ず引き取りに行くので、保管しておいてほしい」と伝え、名前も告げていました。

ところが、翌年、ホピ・カルチャーセンターに行くと、カルチャーセンターのスタッフが全員代わっており、フロントでペンダントのことを伝えても、誰も知らないというのです。どんなに説明しても見つからないものは見つからず……。私はすごくショックを受けました。ただ、冷静に考えてみると、長い間、忘れもの入れの中にペンダントが入っていたら……誰かが、もう持ち主は現れないと思って処分するか、持って帰ってしまっても不思議ではありません。

私は、ペンダントそのものは諦めることができましたが、ジュエリー作家が誰だったのか、その後、何年も気になったままでした。

まったく何の予定もなくホピに向かうのなら、セドナのあの店から旅を始めてみよう。その先の予定は全く未定でしたが、とにかく行くことに決めてセドナへと向かいました。

スタッフのキョウちゃんも、アメリカでの運転は手慣れたものになっていました。私は自分の記憶を頼りに、その建物を探しました。見つけるまでに少し時間がかかりましたが、店は変わらずそこにありました。そしてオーナー夫妻の上品な優しい笑顔も、そのままでした。

ことの経緯を伝えると、すぐにクレジットカードの記録から過去のデータを探してくれたのですが、10年という月日が経っていたため、記録は既にありませんでした。しかし、私の話を推測し、あるガラスケースの前に連れていってくれたのです。その中に飾られていた手書きのカードを見て、私は「あ！」と声をあげました。まさに10年前に見たものと同じメッセージがそこにあったのでした。

彼の名前はビクター・クウチワイティワ。

残念ながら高齢のため、既に要介護状態となり、新しいジュエリーを作り出すことはできなくなってしまったということでしたが、彼がかつて生み出したジュエリーはまだ選ぶことができました。

私はショーケースの中をのぞき、懸命に自分が惹かれるものはないか、目を皿のようにして探してみました。しかし、残念ながらピンとくるものはありません。私が諦めかけて帰ろうとした時でした。オーナーのリチャードが奥から大きなペンダントトップを持って出てきたのです。それはリチャード自身も、いつどのようなタイミングでビクターから受け取ったのか記憶にないということでしたが、まぎれもなく彼の作品でした。

ペンダントに刻み込まれた文様は、一角と二角の祭司の姿で、昼と夜を司ると説明をしてくれました。私はその文様の真の深い意味はわかりませんが、とても大切な意味が込められていることだけはわかりました。

私は再び清水の舞台から飛び降りる覚悟で、このペンダントを購入することにしたのです。

サンクラン・マザー

ホピの大地に着いた時には既に夜になっていました。出発直前に出会った、二人のジュエリー・アーティストたちに、まずは電話をかけました。

先に連絡がついたのはアーヴィンでした。東京で会った時、私と彼のお姉さんがとても気が合いそうな気がするので、ホピに来たらぜひ紹介したいと言ってくれたのです。

翌朝、アーヴィンの案内でセカンドメサのションゴポヴィ村へ向かいました。ホピの中で最も歴史が古く、またホピ最大の村です。それまで10年ホピの地に通っていましたが、この村に入ったのは初めてでした。アーヴィンは、村のほぼ中央にある家の前に車を停め、私たちも彼の後に続くように中に入ると、アーヴィンの姉であり、家の女主人であるマーネットが「よく来たわね！」とピカピカの笑顔で私たちを出迎えてくれました。

彼女は、その場にいた家族一人一人を丁寧に紹介し、食べ切れないほどの朝食をテーブルの上に並べてくれました。美味しい朝食をお腹いっぱいいただいた後、今度は家族アルバムを開き、話をしていた時でした。

アーヴィンもマーネットもホピ族のサン（太陽）クランである、という話が出たので、私もほんの少し太陽と縁がある話をしてみました。かつて私はアイヌのアシリ・レラさんから、「光り輝く太陽」という意味のイメル・ヌペキというアイヌ名を授けてもらったことがあると話すと、マーネットは嬉しそうに「あなたも太陽の名前を持っているのね」と微笑み、アーヴィンに、私たちを特別な場所に案内するようお願いしてくれました。

そこはマーネットの家の斜め向かいにある、サンクラン・ハウスと呼ばれるところでした。中に入ると、サンフェイスの古いお面が目に飛び込んできました。私がそのお面に静かに手を合わせてお祈りしていると、アーヴィンが「そのお面は３００年以上前のものでね。サンクラン・マザーが代々管理するものだよ。今、このお面の管理者は、さっきまで君が楽しく語らっていた僕のお姉さん、マーネットだよ。彼女が、今はサンクラン・マザーさ」と教えてくれたのです。

私は、出会いそのものがありがたくて、改めてもう一度、サンフェイスのお面にしっかり祈りを捧げました。

儀式や予言は守り秘すもの

日本で会ったもう一人のジュエリー・アーティスト、ジェラルドの家を初めて訪問したのは、その2日後のことでした。何度電話をかけてもなかなか繋がらなかったのですが、どうやら家族で数日間出かけていたようで、偶然彼の義理のお姉さんとカルチャーセンターで出会い、彼女がジェラルドに私たちのことを伝えてくれたようでした。私たちが泊まっている部屋に電話が入ったのは夜の7時過ぎでしたが、急遽、訪問することになりました。

部屋の壁には、センスよくいくつものカチーナやバスケット、そして壺などが美しく飾られていて、ジェラルドの妻、ユベットのセンスの良さが窺えました。二人は私たちにゆっくりするよう言ってくれたのですが、夜も遅かったので、翌日改めて訪問すると伝えると「それなら、明日の朝、伝統的なコーン料理を作ってご馳走するから、朝食を食べにいらっしゃいよ」と誘ってくれたのです。マーネットもそうでしたが、本当にホピの女性たちのおもてなしの心には、驚くばかりでした。


翌朝、約束の時間に訪問すると、ジェラルドは車のエンジンをかけて外で私たちを待っていました。

「朝食前に、鹿を見にいかない？」と言うのです。その突拍子もない誘いが面白くて、私たちはジェラルドの車に乗り換え、その場に向かったのですが、到着してビックリ。なんと、そこは3日前に訪問したばかりのションゴポヴィ村のサンクラン・ハウスのすぐ側だったのです。ジェラルドの後をついていくと、人だかりの真ん中に大きな鹿が横たわっていました。私はてっきり、柵にでも入っている元気な鹿を見にいくのだと思っていたので、予想外のことに驚いていると、ジェラルドが言いました。

「この鹿は、来月の儀式に使うもので、ここに集まっているのは自分が所属するベアークラン（熊族）の男性たちだよ。どこの村でも儀式の前に準備はするけれど、古式の伝統を完全に受け継いで行っているのは多分ここの村だけだよ」

ジェラルドがホピ語で私たちのことを説明してくれたらしく、熊族の男性たちは、私たちがその場に立ち会うことを快く承諾してくれたのです。


家に戻ると、ユベットがブルーコーンを団子にした料理とパン、そしてソーセージを並べ、朝食の準備を整えてくれていました。なんとも幸せな朝食を頂いた後、二人がホピの伝統的な結婚式を挙げた時のアルバムを取り出して、ゆっくりと説明をしてくれました。

アルバムを一通り見終えた後、別の部屋に行っていたジェラルドが戻ってきて、「そうそう。そもそも、君はどうしてホピに通うようになったの？」と私に質問してきました。

私は困惑しながらも、導かれるようにして最初にホピの村にやってきたこと、純粋な魂を持った人々に触れていつも感動していることなどを話し、今回の旅で以前、お守りのように着けていたホピジュエリーの作者の名前がわかったことなど、思いつくまま一気に話していました。

ジェラルドは和やかに頷きながら聞いてくれていたので、私は以前から疑問だった「ホピの予言」の話の解釈が村によってなぜ異なるのかを聞いてみようと思いました。

「実は、これまで……わからなかったことがあって、予言に関することなんですけれど……」そう切り出した途端でした。ジェラルドの顔は一気に曇り、それまで見せなかった険しい顔つきになったのです。そして、無言で別の部屋に行くと、小脇に何冊か本を抱えて戻り、テーブルの上にドン！　とその本を置いて、パラパラと無造作に開きました。

「君がホピの儀式や予言の内容なんかが知りたければ、これらの本にみんな書かれているから、こうした本を全部読めばいいよ。儀式のことが知りたければ、写真はこっちの本に載っているしね。随分昔のことだけど、ホピは写真による侵略を受けているんだよ。文化の侵略もね」

指差した写真は18世紀頃のものでした。こわばった表情のホピの人々、そして物見遊山でやってきた着飾った紳士淑女たち。それは、人と人との交流の姿ではなく、明らかに「見物」に来た侵略者たちと、儀式を見られ困惑している人々という写真でした。

そして彼は続けました。

「僕が生まれ育った村。さっき連れていった村はね、伝統を守るために外部の人にはホピの儀式の具体的な内容や予言に関する言い伝えは、一切伝えないように皆で守ってきたんだよ。だからこんな写真だって、うちの村では一切撮らせてもいない。

君がもしホピの儀式や予言に興味があるのなら、これまで出版されてきた書物を隅から隅まで読めばいいよ。もし、それでも飽き足らず、君が僕らの村の誰かにホピの儀式に関して質問をしたとしても、きっと誰も何も教えてくれないと思うよ。多分……」

明らかにジェラルドが私を警戒していることがわかり、私は、誤解を解かなければいけないと思いました。ホピの予言の話は、内容を詳しく聴きたいわけではなく、解釈がなぜ異なるのかを知りたかったということ、また儀式の神秘的な内容を教えてほしいと思っているわけではないこと。私は平和の民として、穏やかに暮らす人々、目に見えない大自然の精霊たちに畏敬の念をもって謙虚に暮らす人々が大好きで、そんな暮らしぶりの人たちと、素晴らしい友人関係を築きたい、そういう思いでこれまでも通い続けていること。そして、ホピの人々の姿はかつての日本人の姿でもあり……。私は、多くの日本人に、ホピの精神性を伝えることで、日本人が本来持っているはずの深い精神性を取り戻してもらいたいと願いながら通っているということ、また、私自身の役割は、そこにあると思っていることなどを話しました。

ジェラルドに、自分の素直な気持ちをすべて伝えると、彼の表情も見る見る変わり、ニコニコの笑顔に戻りました。

全身で感じる「平和の民・ホピ」

ジェラルドは、ホピでは村ごと、クランごとにソサエティがあり、それぞれに考え方や伝統文化も異なり、独自の儀礼文化もあるのだと教えてくれました。また同じ村の中にあっても考え方が異なる人々もいて、特に予言に関する扱いや考え方は、それぞれ異なっているので、そうした話は、かなりの注意が必要だということもつけ加えて教えてくれました。そして、

「僕の村では一般的に外に知られている話とは違う予言が伝わっているけれど、その内容も教えてあげるわけにはいかないんだ。でもね。君に本当のホピを見せてあげるよ。僕のお婆ちゃんを紹介してあげよう。さぁ立って。もう一度村に戻ろう」

私はジェラルドが友人として受け入れてくれたのだと感じて、とても嬉しくなりました。再び村に戻り、車を先ほどと同じところに停めると、斜め向かいの家をジェラルドは指さして「あそこが僕のお婆さんの家さ。でもあそこは、後で行こう。今は別のところに行こう」。そう言うと、別の方向へズンズン歩き出しました。

そしてある家の前まで行くと、ドアの前で立ち止まり、そして振り向きざまに言ったのです。

「君は、ビクターのペンダントの話をしていたよね。お守りにしていたものを失くしてしまった話。そして今回、新たに買った話も。ビクターは今、介護がないと暮らせない状態なんだけど……多分、今日はここの中にいるよ。入ってみよう」

それは、あまりに突然でした。今回の旅でペンダントの作者の名前がわかっただけで、私は十分でした。でも、ドアの向こうにはビクターがいるかもしれない。心の準備もできていないままジェラルドの後をついていくと……扉の先には熊のシンボルが静かに置かれていました。

ジェラルドがお清めのホワイトコーンの粉を撒いたので、私は慌てて両手を合わせてお祈りをしました。

「ここはベアークラン・ハウスだよ」というジェラルドの言葉に、私は腰を抜かしそうになりました。

そして……、ジェラルドがもう一枚奥の扉を開いた時、ベッドに座った優しそうな老人の姿が目に飛び込んできたのです。


「ビクター、お客さんを連れてきたよ」

ジェラルドの言葉に、ビクターは側にいた息子さんの手を借りて立ち上がり、壁際の椅子にゆっくりと座り直しました。正直なところ、私はこの時、あまりの感激で何を話したか、ほとんど覚えていません。ただ、私はビクターの大きく皺くちゃな手を握り、「ありがとうございます、ありがとうございます」と連呼していたことは覚えています。

ベアークラン・ハウスの柱には、ビクターがアリゾナ州の「人間国宝」のような存在である旨が記された、表彰状がかかっていました。ビクターが、かつて私が生まれた年に作ったリバーシブルペンダントはなくなってしまいましたが、10年の月日を経て、サンとベアー、それぞれのクランハウスにまで、そのペンダントが導いてくれていたかのように思え、私は感無量でした。

ベアークラン・ハウスを出て、ジェラルドのお婆さんの家まで行くと、90歳を過ぎているとおぼしきお婆さんが、ひ孫娘たち5~6人の面倒を見ていました。いや……、子どもたちがお婆さんの面倒を見ていたのかもしれません。家の造りは、まるで博物館にあるようなホピの伝統家屋でしたが、女の子たちが遊んでいたママゴト道具は最新のもので、そのアンバランス具合がなんとも良く……。幸せな時がただ流れているだけでした。

ジェラルドが言葉ではなく、感覚の中で伝えようとしてくれている「平和の民・ホピ」を、私は五感を通して受け取り、そして腑に落ちたのです。

私は、神様は天才シナリオライターだといつも思っています。一人ひとり、人生物語の主人公で、そんな主人公と主人公が重なり合うように出会いがあり……。また新たな物語がそこから生まれ……。

ホピの友人たちとの出会いは、私の人生に豊かな彩《いろど》りを与えてくれました。

次の章ではこの物語に登場した友人、そして紹介し切れなかった友人たちも含めて、平和の民と呼ばれるホピの人々の生の声を紹介したいと思います。

ビクターの写真と言葉

一角、二角のペンダント

第3部

ホピ「平和の民」からの伝言

1 ホピという生き方

本著を書くきっかけは、ある友人から「あなたが書く本でホピのことを知りたい」と言われたことからでした。実は私は作家として小説や随筆など本を書いてきたこともあり、過去にも「ホピの本を」という話もありました。しかし正直なところ、今までホピの本を自分が書き残したいという思いはありませんでした。なぜならホピの社会は超難解な上に、表に出してはならないことがたくさんあるからです。また、既に翻訳本や紀行文などの本も出ています。私が書くにしても、何を書けばよいのだろうという思いがいつもありました。

でも、その友人と話していて、私にしかできないことがあることに気がつきました。それは、ホピの数多くの友人たちへのインタビューです。ホピに通い続けて20年あまり。今では数え切れないほどの友人たちと出会い、それぞれの美しい魂に触れ、そして私はいつも感動してきました。この感動を伝えよう。今を生きる平和の民と呼ばれる友人たちの、純粋な思いや考えを紹介しよう。そう思ったのが、この本を書く原動力となりました。

インタビューの期間は２０１６年11月～２０１７年11月の１年間。その間、ホピの地には３度通い、それぞれの友人宅や工房などを訪問し、録音しました。

それぞれの言葉を通じて、何か感じてもらえることがあれば幸いです。

伝統を守り暮らした祖父からの教え

レイナルド・ラロ（Reynard Lalo）カチーナ作家

《ホテヴィラ村に住むレイナルドとは、たまたま共通の友人がいたことからＳＮＳを通じて知り合いました。彼の家を訪問することになり、久しぶりのホテヴィラ村行きに少しソワソワし……そして初めて彼の家を訪ねた日。さりげない会話から、彼が第２部で紹介したマーティン長老の孫であることがわかったのです。さらに、しばらく音信不通になってしまっていたマーティンの末娘、ドリーンが彼の母であることもわかり、すぐにドリーンを呼んでくれました。マーティンのスピリットが導いてくれたとしか思えない不思議な再会に涙したのは、マーティンが帰天して２年後のことです。彼にインタビューしながら、

《私はマーティンのスピリットがレイナルドに確実に引き継がれていることを知り、嬉しくなりました》

私は、伝統的なカチーナ作りを17歳から始めています。カチーナは動物や植物といった、世の中の生きとし生けるものや、自然界の雨や雪、澄んだ水など、あらゆるものを表しています。また、カチーナは、謙虚さの現れそのものであるともいわれています。

私にとって、カチーナを作ることは楽しく幸せなことです。

最初にカチーナ作りを教わったのは父からですが、父は現代風のカチーナ作りをしていたので、伝統的なカチーナを作っていた祖父から学ぶことにしました。祖父は、水道も電気もガスも使わず、伝統的な暮らしを貫いた人です。祖父は、織物職人で日常的にはカチーナ作りはせず、儀式の時だけカチーナを作ると決めていたようです。

祖父との思い出は色々ありますが、私が最初にカチーナについて祖父に聞いたのは、冬場に行われる重要儀礼、ビーンダンスの時でした。キヴァ（宗教儀礼を行う地下の聖礼所）の中で伝統的なカチーナを作っていたので、「どうやって作るの？」と質問すると、「すべて大地にあるもので作るのが伝統的なやり方だよ」と話してくれました。その言葉が今も忘れられません。

その後も儀式のたびにカチーナの意味などを丁寧に教えてくれました。例えば、「サン・カチーナ」は、太陽の精霊で人生を見守るものだとか、「サボテン・カチーナ」は水を表し、生命の循環を意味するとか、「クロウマザー」は男性のイニシエーションの時に登場し、場を清め、実りを約束してくれるものだとか。

また、カチーナについてだけではなく、大切な話をよく語ってくれました。

レイナルド・ラロ

我々ホピは、どうやってここに辿り着き、どうやって何千年もの間暮らしてきたのか。ホピの予言とはどんな話なのか。また、精霊カチーナは今も存在し続けているという話や、私たちは、誰一人欠けることなく皆、同じ生命の中で生きていることなどです。

だから、自分のことだけを考えるのではなく、さらに地域や民族、国やこの地球といった次元に留まらず、宇宙に生きとし生けるすべての存在のことを考えながら、人として謙虚に生きるように、と。

私がホピとして、そして人として知るべきことのすべてを祖父のマーティンから教わったと言ってもいいかもしれません。

祖父は織物職人でカチーナ作家ではありませんでしたが、儀式の時にキヴァの中で作るカチーナは、本当に精密で美しいものでした。

ある時、私が本気でカチーナ作家を目指していることを知った祖父は、絵の具の元となる鉱物を持ってきて、まだ色が塗られていない6体のカチーナを手に取ると、塗ってみるよう言いました。私はわからないことだらけでした。そんな私を見て、祖父は石を砕き、どの石とどの石を混ぜたらいいのか、どこにどの色を使ったら正しいのかなどを教えてくれたのです。祖父に教えてもらいながら、少しずつ伝統的なカチーナの作り方を覚えていったのです。

祖父母ともに伝統的な人たちだったので、自分の子どもたちにもホピ的生き方を徹底的に教えました。ですから、母は学校へは行かずホピの伝統的暮らしの中で大人になっていったので、私も上の学校に行き、ホピの村の外に出る、という道は選びませんでした。

私は現在結婚しています。妻もホピですが私の生い立ちとは全く異なり、町の学校へ行き、育ちました。さらに妻の母親はキリスト教徒で教会に通っています。本当にまったく違う環境の中で育った二人ですが、根本にあるのは、ホピの精神と伝統です。結局、どんなに生活習慣が変わろうと、新たな宗教観を取り入れようと、ホピとして大切なものを守り続けている限りは、ホピなのです。

私たちが暮らすホテヴィラ村の中で、かつて電気を引くかどうするか、という問題が持ち上がりました。私が今、暮らしているここの地域は電気が通っていますが、祖父が暮らしていた地域は村の中でも特に伝統を重んじる地域だったので、電気を通しませんでした。でも、今は電気を通していない地域でも、家の屋根にはソーラーパネルが取りつけられて太陽光発電を利用しています。私の母は末娘だったので祖父の家を引き継ぎ、祖父亡き後は、家を修復して太陽光発電を利用した電気のある生活をしています。

私たちホピは、伝統的な習慣やカチーナ信仰、そして農業に対する考え方など、とても言葉では言い表すことができない深い哲学の中で生きています。

かつてアメリカ政府に迎合していたときには、ホピ政府は、伝統的な暮らしや習慣を否定し、子どもたちがホピ語を語ることも禁じていました。でも今は、ホピ政府が積極的に伝統的な文化や暮らしを推奨し、子どもたちへホピ語を教えることにも熱心になってきています。本当に時代は着実に変わっていると感じます。

ホピ本来の伝統的な暮らしを実践するわけ

アキマ・ホンヤンプテワ（Ahkima Honyumptewa） 画家・織物師

《サードメサ、バカビ村に住むアキマとは、友人を通じて知り合いました。彼を紹介してくれた友人は、アキマは織物職人で絵のアーティストだと教えてくれました。確かに職業としてはそうなのだと思います。ただ、彼と長年接してきて思うのは、彼は、ホピの古い伝統的暮らしを今の時代に復元している実践者だということです。彼は、今は数少ないホピの伝統的な髪型で暮らしています。そして昔のホピと同じように、自分で石を積み上げながら家造りを行い、畑を開墾し、泉の水を汲み、何から何まで大自然の恵みの中だけで暮らせるように準備をしています。私はホピに行くたび、彼の家の石積みの手伝いをし、畑作業を少し手伝います。彼が見据える未来に、私は明るい希望を感じます》

アキマ・ホンヤンプテワ

私は、2歳過ぎまでこの村で育ちましたが、その後は親の仕事の都合でアリゾナの州都であるフェニックスでずっと暮らしていました。もちろん儀式の時にはホピに帰ってきたり、夏休みになると、ずっとこの村で過ごしたりはしていましたが、学校を卒業した後もフェニックスで暮らし続けていました。

周囲の同年代の人と同じように、生活をしていくためにフェニックスで働き口を探しました。私が就いたのはガソリンスタンドでの仕事です。それも勤務時間が、夜の10時から朝6時までというものでした。

都会の人がすべてそうだということではありませんが、私が触れ合った人は皆ドライで心を感じない人ばかりでした。ホピでは、他者への思いやりを第一として教えられますが、都会は違うのでしょうか。とにかく、優しさに欠けた人が多かったことがとても辛かったです。

また、食べ物はすべてスーパーで買うのが当たり前、儀式を通じての祈りの時間もなく、働くことは時間を切り売りすること、という感覚も苦しいものでした。

結局、自分にはホピの生活が一番向いているのだということが、大人になってよくわかりました。そして2005年、25歳の時にホピとして生きていくと決め、この村に定住することにしたのです。

翌年には絵や織物を習い始め、さらに2011年、春の訪れを祝福する「バタフライダンス」に参加した時に、髪を切り伝統的なホピ族の髪型にしました。

ホピでは、数十年前までは、皆、この伝統的な髪型でした。でも少しずつ減っていって

います ね。私に織物を教えてくれた今は亡き叔父さんも、父も祖父も伝統的な髪型で暮らしていました。今でも年配の人の中には、この髪型をしている人はいますが、私と同年代のホピで、この髪型をしている人はほとんどいないと思います。

ただ、時代はどんどん変わっています。色々なことが復活し、再生しているので、これからも変化はあると思います。

変化といえば、かつて白人文化が押し寄せ、私たちのホピ文化が全面禁止された時代がありました。ユキオマの時代です。この時、ホピの中でも考えが二分し、アメリカ政府に迎合する人、しない人とに分かれ、反抗する人は強く痛めつけられ、容赦なく刑務所に連行されるような事態に発展したこともありました。でも、時代は移り変わり、今は白人たちがホピの文化に興味を持ち、ホピの叡智を学ぼうとしています。ひと昔前なら想像もできないことです。

ですから、自分の世代もそうですが、その先の世代も、現代社会に呑み込まれないで、どんどんホピ本来の伝統的な暮らしに戻っていくのではないかと思います。

私は髪型以外にも、ライフスタイルすべてを昔のかたちにすることに、力を注いでいます。自分で造った石の家に住み、自分が育てた野菜や果物を食し、自分で植えた綿を紡いで織物をする。そんな暮らしを目指して少しずつ、でも着実に作業を進めています。

なぜ、そんなことをするのか。それは自分の魂が求めているからです。

家造りをスタートしたのは2008年。もともと祖父母が耕していた畑のそばに、家造り用の石を集めてくるところから始めました。トラクターなどの機械は一切使わず、ほぼ一人で、すべて手作業で造っています。

畑も広げて色々植えていますよ。いずれは、ゲストハウスや、アーティストたちが集まってカチーナや織物、バスケットや壺も作れるアート作業のスペースなども作りたいと思っています。私たちの祖先が、この大地で暮らし始めた頃と同じようなライフスタイルを再現してみたい。そんな夢は着実にかたちになりつつあります。

私自身の誇りはホピであることです。ホピはアメリカの始まりの文化を持っています。それは、古い歴史や知識などを持つ東洋人と似ています。

西と東、それぞれに受け継がれてきた太古からの叡智を融合することができたなら、人類はさらによりよく精神的にも発展していけるのではないかと私は思っています。
ぜひ、より良き未来のために、共に動きましょう。

大精霊マサウとともに今も生きる

アーヴィン・テイラー（Alvin Taylor） ホピジュエリー作家

《アーヴィンは、私にとって心から頼れる優しい兄のような存在です。サンクランの彼は、いつも心穏やかでニコニコの笑顔はまさに太陽のよう。セカンドメサのションゴポヴィ村出身で、サードメサのオライビ村で暮らすアーヴィンに、ホピに伝わる歴史や神話について話してもらいました》

私が生まれ育った家は、ションゴポヴィ村にあり、22歳くらいまで、そこで暮らしていました。いつ何時でも、女性たちは外で働く人たちに「さぁ家に入って、一緒にご飯を食べましょう」と声をかけ合っていました。皆で一緒に食べ物をわかち合うことが当たり前だったのです。

それからしばらく都会で働き、そこで奥さんと出会って、サードメサのオールドオライビ村で暮らすようになったのです。オールドオライビの家は、もともとは彼女の叔母さんの家でしたが、叔母さんが亡くなり、夫である叔父さんが亡くなった後、彼女が引き継ぎました。

アーヴィン・テイラー

セカンドメサのションゴポヴィ村も、サードメサのオールドオライビ村も、共にホピの歴史の中で古い村です。ただ歴史からいえば、ホピの大地に初めて到達した集団は、ションゴポヴィ村の人々といわれています。

ホピの歴史は神話が入り組んでいますが、青い星に導かれてこの大地にやってきた人々は、最初、セカンドメサの下にある牧場付近に村を建設しました。そして1680年代に起こったプエブロ革命後、スペイン軍の報復を恐れて現在の場所に村を移動したのです。

ホピについて書かれた書籍の中には、大精霊マサウとの約束の地、ホピの大地に辿り着いた最初の場所はオライビだと書かれているものもありますが、ションゴポヴィ村にも、ほかの村にも最初の出会いの物語があります。それぞれ、細かなニュアンスは異なります。私が生まれ育った村、そしてサンクランに伝わる神話を少しお話ししましょう。

神話で3番目の世界から4番目の世界にやってきたとき、太陽も光もなく真っ暗闇の世界の中でした。チーフがメッセンジャーに偵察に行かせると、大精霊マサウがいました。チーフはこの大地でマサウと共に暮らしたいと、許可を願い出ました。マサウは「ここに住みたければ住めばよい。ただ私が持っているのはトウモロコシの種と、種を植えるための棒切れだけだ」と答えています。

チーフは、この地でトウモロコシを植え育てることを約束し、マサウからこの地に住むことを許可され、トウモロコシの種を手渡されました。

ところが、まだ世の中は暗く光がありません。そこで人々は光を得る方法を考えました。祈りの羽を立てて祈ったところ、「星」が現れました。もっと光がほしかったので、別の祈りの羽を立てて祈ると「月」が現れました。もっと光が必要だったのでもっと強力な祈りの羽を作ることにしました。そこにイーグルがやってきて、祈りの羽を作るために、自分の羽を捧げました。すると「太陽」が現れました。

この話から、イーグルとサンはとても深い関係となり、今でもイーグルクランとサンクランは兄弟・姉妹のようにお互いに助け合う関係となっています。

人々がこの大地に暮らしてからも、大精霊マサウは今でもあちこちの村を歩いているといわれています。この村でも、マサウの通り道と呼ばれている場所があります。

ホピはこの大地に定住して以来、ずっと同じ場所で暮らしています。独自の文化を保ち続けている、といった方が正しいでしょうか。それが誇りです。

また、ホピの精神性、宗教観の中心は平和ということですが、その中の一つに「所有しない」ということがあります。この大地は大精霊マサウのものであるからです。そして人や自分を大事に扱うということです。人から大事に扱われてきた人は、同じように人を大事にしたいと思うのです。

子どもの時から学ぶ、ホピの伝統的生き方

バレンシア・アントン（Valencia Antone）　カチーナ作家

《ファーストメサのシチョモヴィ村出身で、現在はメサの麓、ポラッカ村で暮らすバレンシア・アントン。彼女は、私が初めてホピの地に行った時に出会ったロアーナの娘です。最初の出会いの時には、まだ10代の可愛らしいお嬢さんでしたが、今では、カルチャーセンターの厨房裏方として働きながら（２０１８年現在）、カチーナ・アーティストとして、また３人の子どもを逞しく育てている素敵な女性になりました。そんなバレンシアにホピの子育てや儀礼について聞いてみました》

私は１９７９年生まれで、ファーストメサにあるシチョモヴィ村出身、スネイク&サンドクランです。

現在はポラッカ村で、夫と３人の子どもたちと共に暮らしています。

私自身の誇りはホピ的生き方を守りながら暮らしていること、そしてそれが子どもに受

け継がれていることです。

私には、2人の娘と1人の息子がいますが、彼らにとって親という存在は、私や夫だけではありません。儀礼的親という存在がいるのです。それは我が家の子どもたちだけではなく、すべてのホピの子どもたちも同じですが、儀式などに関することは、儀礼的親がその子どもを導いていくのです。

また、子どもたちは成長していくと、大人になるための儀式にそれぞれ参加しなければなりません。女の子の儀式は、おおむね13歳ぐらいから19歳くらいまでの間に行われます。女性のソサエティ（結社）に入るための儀式で、年齢が来たら一斉に、というのではなく、それぞれの人のタイミングで参加するのです。

実は私の村では、男の子の儀式を行っていた組織が途絶えてしまったので、いったん儀式そのものも途絶えかけてしまいました。でも別の組織がその組織に代替する形で、今もイニシエーションの儀式が引き継がれています。

女の子の儀式では、祖母の家に行きトウモロコシの挽き方などを学びます。男の子は、それぞれ所属するソサエティに沿った教えなどを学びます。その儀式を経て、それぞれ一人前の大人となっていくのですが、具体的なことはイニシエーションなので話せません。

ホピは、生まれた時から儀式と共にあります。生まれてからしばらくは光から遮断された状態の中で過ごします。そして生後20日目。赤ちゃんに太陽を見せる儀式が行われ、そのとき儀礼的親が決まります。

その後、洗髪の儀式が行われ、白トウモロコシの粉であるコーンミールで土に絵を描き、そこでクランのメンバーとなります。ホピは母系なので、子どもは母方のクランを受け継ぐのです。すべてのホピがそうです。

また、結婚すると男性は妻の家に入りますが、クランだけは変わらないので、我が家の場合、私と３人の子どもたちはスネイク&サンドクランですが、夫はロードランナークランです。

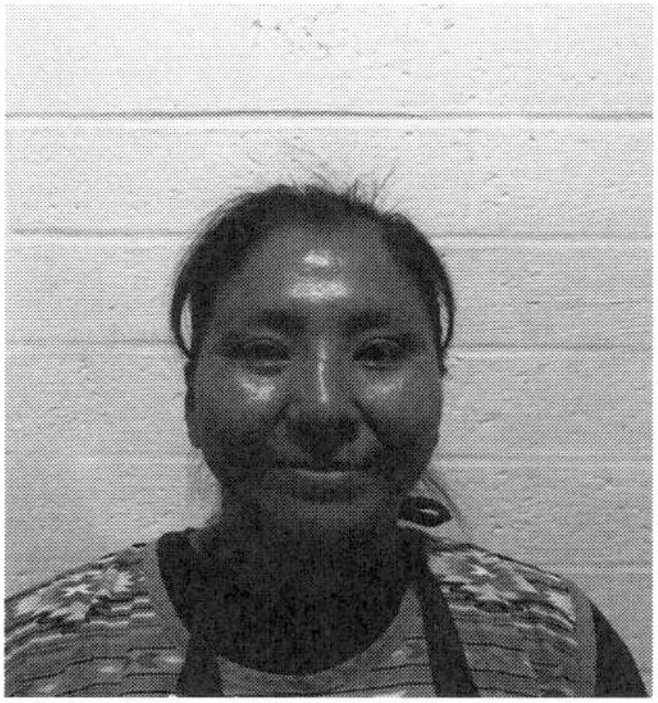

バレンシア・アントン

私の子どもに対する教育方針は、実践してその姿を見せることです。私は子どもたちにホピの文化をしっかり学び、そして実践していく大人になってほしいと思っています。時代はどんなに変わろうとも、人としての誇りは消えません。私自身、ホピとして、トウモロコシなどを植え育てながら、伝統的な生き方を学び実践していますが、それこそが私自身を強くしてくれていると思っています。

ホピに限ったことではないでしょうが、学ぶことは己の進むべき道を教えてくれる道標になります。

人として大切なこと——それは嫉妬することなく、互いに尊敬し、助け合い、心を開いて互いに信頼し合うことではないでしょうか。

私は、子どもたちに、そうした平和的生き方の実践者になってほしいと思っています。

◇◇

ネイティブ・アメリカンの文化の根底にある、地球に対する畏敬の念

スティーブ・ラランス（Steve Larance）　ホピジュエリー作家

《アッパーモエンコピ村出身のスティーブ。彼との出会いは面白く、彼のお嬢さんが「シルク・ドゥ・ソレイユ」の出演者として日本に来ていた時、彼が私のホピショップにやっ

てきたのが始まりです。スティーブは今、ホピの地を離れ、妻の出身地であるニューメキシコ州のオーケーウィンゲ村で家族と共に自給自足の暮らしをしています。この村はプエブロ族の一つ「テワ族」の村です。彼や彼のファミリーを見ているだけで私は幸せな気持ちになります》

私の母はホピのモエンコピ村出身でサンクランです。父はシンタブィ族という部族でホピではありませんが、私は3歳から8歳までモエンコピ村で暮らしました。父の仕事の関係でしばらくホピから離れて暮らしていましたが、再びモエンコピ村に戻ってきた後、ホピとしての伝統を祖父から受け継ぎ、儀式にも参加してイニシエーションも受けています。子どもたちは、私の母方のホピの儀式を受けていますが、テワ族である妻の出身地で暮らすようになり、テワ族の儀式も受けました。ホピとテワは文化がとても近く、ホピの大地の一つ、ファーストメサにはテワ族の村もあります。

ホピというと、水道も電気も使わない昔ながらの生活をしている人々、と思っている人もいますが、今は昔とは異なります。でも、どんなに生活スタイルが変わろうとも、ホピである限り、歌やダンス、言葉、そして何より儀式や伝統文化を皆が大切にしていることは変わりません。

ホピの生活に近代文化が入り込み始めた時代は、ホピの中でも考え方の違いで混乱していたこともありましたが、今は、近代的生活と伝統文化が互いに良いバランスで混ざり合っている、いい時代だと思います。それは近くに住むナバホ族の人々との関係においてもいえることで、過去には、土地の問題などもありナバホ族との諍《いさか》いもありました。でもそれも大きく変わりました。今は互いにフレンドリーな関係となり、一緒に仕事をすることも増えています。

しかし、世界に視野を広げてみると、今はかなり危機的状況にあるともいえます。「ホピの予言」は、そんな危機的状況を教える一つのサインだと私は思っています。

世界のさまざまな場所でバランスが崩れています。戦争で世界中が苦しんだはずなのに、未だに戦争がなくならないというのも、終末へのサインのようにも感じます。

だから、私たちホピは平和を祈るのです。

ホピは長い旅路の末、世界の中心であるこの場所にたどり着き、できる限り自給自足で暮らしながら平和を祈り続けています。

私自身は、ホピの村から今の地（テワ族の居住地）に引っ越していますから、儀式やダンスの時にだけホピの地に戻るというような生活をしています。

私はこの場所で家族と共にりんごや桃を育て、鶏やヤギ、羊たちの世話をしながら自給自足に近い暮らしをしています。でも、それはテクノロジーを否定することではありません。テクノロジーも大切なものです。テクノロジーによって、私たちは違う国に住みながら連絡を取り合うこともできれば、友人として互いに祈り合うこともできます。

スティーブ・ラランス

要は、自然に敬意を払い、技術開発には人の叡智を十分に使い、テクノロジーをうまく使いながら暮らしていくのが理想なのではないかと思っています。

そして、私はジュエリー作家なので、ネイティブ・アメリカンの文化や哲学、思想といったものを、自分の作品を通して伝えたいと思っています。その奥に込められた「地球に対して畏敬の念を持つ」という感覚を少しでも感じ取ってもらえると嬉しいです。

平和を祈るホピから、日本の人々へ

リー・ウェン・ロマエステワ（Lee Wayne Lomayestewa）　ホピ文化局次長

《セカンドメサのションゴポヴィ村で生まれ育ち、ベアークランとして重要なポストにつきつつ、ホピ文化局の次長（２０１８年現在）をしているリー。彼とは、私が日本で初めてとなるホピショップを運営することになった時、ホピ族公認の許可を得るため、友人の紹介でホピ政府の管轄機関、ホピ文化局に行き、初めて出会いました。以後、さまざまなシーンで友人として私たちをサポートしてくれています。かつては、伝統派の対極にあったといわれるホピ政府の職員ですが、リーと接していると時代は移り変わっているのだと実感します》

昔と今とでは、ホピの生活スタイルは、ほぼすべてが変わったといってもいいかもしれません。コミュニケーションの取り方も、移動手段も、家も、すべてです。

今、ホピの中での連絡手段のほとんどが携帯電話です。ほんのひと握り、携帯電話を持たない人もいますが、それは例外に近い状態といえます。同様に移動は車です。それに、かつてホピの家はすべて石造りでしたが、今はコンクリートブロックがほとんどで、トレイラーハウスで暮らす人も多いです。新たに造る家で石造りの家は、今はほぼないのではないでしょうか。とにかく生活に関することのすべてが昔とは違います。

でも、儀式だけは昔のままです。

ホピの儀式は、自分たちだけの幸せのために行っているのではありません。地球上すべての命のため、人間だけではなく、生きとし生けるすべてがバランスの取れた平和な世界になるために行っているのです。それだけは、生活スタイルがどれほど変わろうと、決して変わることはないのです。

ホピにはいくつも村があるので、ほかの村のことを詳しく知っているわけではありませんが、少なくとも私が暮らすションゴポヴィ村では、村人の１００％が儀式に参加しています。それも、古来の伝統的な儀式が途切れることなくずっと続いているのです。

ただ、ホピ全体を見てみると、儀式が途絶えかけたところでは、言語の問題があります。これはホピに限ったことではなく、ネイティブ・アメリカンすべてに共通していることですが、子どもたちは強制的に寄宿舎に入れられて、自分たち部族の言語を使うことが禁じられた時代がありました。儀式が続いている村の出身ならば、寄宿舎からホピの村に戻った後で自分たちの言語を学ぶことができましたが、儀式が途絶えかけた村では、その機会もなかったのでしょう。だから、ある世代の中にはホピ語を話せない人もいるのです。

しかし、今は取り戻しの時代です。言語は大切です。文化を繋ぐには言葉は不可欠なので、子どもたちへの言語教育も今は盛んです。

ホピとは、ホピ語で「平和の民」という意味です。平和の民として、世界の平和を祈ることが私たちの役割です。次世代のホピもその先のホピも、ホピとしての役割を果たしていくと思います。

今も昔も世の中は、数多くの妬みや憎悪が渦巻いています。それが戦争や事件を引き起こしていきます。また孤独に生きる人がどれほどいることでしょうか。私たちホピは、地球上から憎悪も嫉妬も孤独もなくなった、平和な世界になるようずっと祈り続けています。あなたが暮らす日本は、何度か大きな地震に遭い大地も人も傷ついています。でも、そのたびに憎悪や嫉妬、孤独が生まれているのではなく、互いに思いやりの精神で助け合う姿が世界中に報道されています。

そうした美しい精神は世界の人々に感動を与え、人として何が大切なものなのかということを思い起こさせてくれました。本当に素晴らしいものだと思います。

どうか、日本の人々はそうした精神をなくさず持ち続けてほしいと思います。

リー・ウェン・ロマエステワ

ホピの原点は、祈りにあります

ジェラルド・ロマヴェンテマ（Gerald Lomaventema）　ホピジュエリー作家

《セカンドメサのションゴポヴィ村出身のジュエリー作家、ジェラルド。私は彼のことを親しみを込めてジェロと呼んでいます。彼との出会いがなければ、きっとホピとの関わりは大きく変わっていたと思うほど、私にとって彼の存在は大きいものです。彼はジュエリー作家として世界的に活躍していますが、それ以前に「ホピ」として生きています。彼と話す時、古来からの「ホピ」を感じます》

私の両親は二人ともションゴポヴィ村で生まれ育ちました。祖母も同様に同じ村で生まれ育っています。私たちの村はホピの中で最も伝統的なことが今に続く村です。

村の中での第一言語はホピ語です。友達同士で話すときには自然とホピ語になります。私たちの村、ションゴポヴィでは儀式が途絶えることなく続いていて、儀式の中では、時に古い言葉も使われることがありますが、それも理解することができます。

子どもたちにも、私たちはホピ語で話しかけているので、村の子どもたちは話すことは難しくても、聴いて理解することはほとんどできていると思います。

夏至の時には、男の宗教的指導者が鷲の羽を女の子たちのために集め、祈りの羽であるプレイヤーフェザーを作る伝統も続いています。ほかにもさまざまな伝統が絶えることなく続いていることも誇りです。

儀式はすべてとても神秘的で秘儀的なもので、村の中で行われる儀式であっても完全にクローズされたものは、私たちでさえ知らされていないものもあります。それほど儀式とは厳格なものです。

ただ、数十年前になりますが、世界の多くの国の人々や指導者がやってきて、ホピの神秘的儀礼の意味や内容を知ろうとした時代がありました。ホピの秘密を口外することは、ホピのタブーを犯すことになります。タブーはタブーとして守らなければなりません。

私たちのションゴポヴィ村の宗教的リーダーたちは、そうした外部の人たちとは一線を引き、秘密と伝統を守りました。しかし残念ながら、ほかの村の中には、外部の人々に秘密と伝統を教えてしまったところもあったのです。ホピのタブーを犯したため、儀礼に使う道具が誰かに盗まれるなどして紛失し、儀式を継続していくことが難しい状態となり、今や、伝統が途絶えかけています。

ホピの儀式について書かれた本もありますが、でも間違いだらけです。私が知らない部分は、古くからの伝統を良く知っていた祖母に確認してもらったのですが、やはり真実ではないことがたくさん書かれているようです（どこが違うと言うことはできませんが）。

今でも儀式を口外することはタブーです。一般に公開されている儀式もありますが、儀式を写真に撮ることは固く禁じられています。ビデオに撮ったり、YouTube にアップするなど言語道断です。また、禁じられていることを知りながらインターネットでそれらを検索し、見ようと思う人の精神は卑しく心が汚れています。それは私たちの村だけではなく、すべてのホピの村がそうです。タブーを犯すと、やはりそれなりの制裁が必ずあります。儀式とはそういうものです。

・ジュエリーには祈りが込められている

儀式がそれほど厳格なのは、やはり私たちホピにとって、祈りが原点にあるからなのだと思います。

ジュエリー作家である私にとって、ジュエリーを作る時間は祈りの時間そのものです。なぜなら、ホピジュエリーは、身につける人を守るお守りのようなものだからです。シルバーの板を通して降りてくるものを、自分の手を通して生み出す時間は、無心の祈りの時でもあるのです。だから自分の心が乱れているときにはジュエリーは作れません。いや、作ってはいけないと思っています。ジュエリーに、そうしたものが入ってしまうと大変ですから。

ジェラルド・ロマヴェンテマ

私は寄宿舎を出た後、村に戻りホピのギルドという伝統学校に入りました。そこでジュエリーの作り方を学んだのですが、数十年経ち、今は次の世代の若者たちに技術を教えています。また、昔ながらのジュエリーの復刻なども始めています。

ホピ的生き方というのは、お互いに尊敬し合い、分かち合い、手仕事を高め合いながら、自分たちの畑でトウモロコシを植え育て、そして謙虚に幸せに暮らすということです。

私たちの村に素晴らしいジュエリー・アーティストであり、同時に誰からも尊敬されるビクターという人物がいました。彼は、宗教的リーダーでもありました。しかし決して偉ぶることなく、自分のことは農民だといつも言っていました。トウモロコシを育てることが本職。シルバージュエリーは趣味だと。

そんなビクターのように、ホピであるということは「ホピ的生き方」を全うするということだと思います。

もちろん、生き方というのは、それぞれの場所で違ってきます。日本で生まれたのなら、日本人的生き方というのがあるかと思います。ほかの国や地域にも、それぞれのやり方があります。

でも、根本は皆、同じです。人は幸せを求めて生きています。私たちホピにとっての幸せは、世界の平和を祈り、伝統的な儀式やシンプルな暮らしを続けていくことです。

最後に、平和の民として伝えたいことがあります。

世界中の人々に「平和」ということに今一度意識を向けてほしいと思います。

まずは歴史を振り返ること。これはとても大切なことです。目を見開き、自分たちの周りで起こる事象、身の回りや自然の事象をじっとよく見てください。そしてゆっくりと目を閉じて、自然の中に静かに身を置いてみてください。私たちの心に深い安らぎが訪れます。目には見えませんが「心の静けさ」こそが、平和なのです。

昔は鳥も植物も動物も、言葉が通じない人間同士も心で会話することができました。しかし今は目に見えるものばかりに価値を置き、目に見えるものに満たされることが平和だと思い込まされています。でも、見えないものの中にあるものを感じ取ることができて、初めて真の平和が訪れるのだと私は思います。

ホピの女性の生き方

ユベット・タレンスィワイマ（Yvette Talaswaima）　ホピチェーン作家

《セカンドメサ、ミションノヴィ村出身のユベット。彼女は、直前に登場したジェラルドの妻であり、ホピチェーン作家として活躍しています。女性らしい優しい雰囲気を漂わせながら、知的で逞しい面も持つ彼女は、まさにホピの女性。コーンクランの彼女の実家は、大人数で賑やかなので、彼女の実家にお邪魔すると、ホピの大ファミリーの楽しさをいつも満喫させてくれます》

私はホピジュエリーの中のチェーン作家をしています。教えてくれたのは祖母のお兄さんなので、大伯父です。最初はジュエリー作りを教えてもらっていましたが、次第にハンドメイドチェーン作りを教えてもらえるようになりました。大伯父は独自の稲妻のホールマークをチェーンにつけていました。ホールマークとは、ジュエリー作家それぞれのシンボルマークのことです。でも、次第に目が見えなくなってしまい、チェーンを作ることが難しくなったので、私がそのホールマークを受け継ぐことになりました。

ホピチェーンはシンプルなものですが奥深いもので、稲妻のホールマークがついたものは、私のハンドメイドジュエリーである証です。

仕事と共に大切にしていることが、伝統的なホピの生き方を貫くことです。それは、私の祖父母も両親も夫も、皆同じ考えです。ただホピの女性はやることが多くて、とにかく大変なんです。おおむね、月に一度は親戚が大勢集まる行事があるので、そのたびに料理を作り、いろいろな準備をして、子どもたちの世話もして……。そんな繰り返しも日常のひとコマです。

伝統料理の多くは祖母から教えてもらいましたが、中でも私の得意料理は蒸したピキをバターと塩で味付けしたものです。ピキの材料となるブルーコーンは、祖母の時代までは、日常的にいつも自分の手で挽いて粉にしていたようです。でも今は、ほとんどの家庭が機械で挽いていると思います。私も普段はそうしています。

ユベット・タレンスィワイマ

でも、人生の中で特別な時。例えば女の子のイニシエーションの時や、結婚式などの時は今でもコーンを手で挽きます。もちろん、私も自分の結婚式の時には、ホピコーンをきちんと挽きました。やはりホピにとって、ホピコーンは特別な食べ物であり神聖なものですから。

女の子のイニシエーションというのは、少女から大人の女性になるための儀式ですが、この時には祖母の家に行き、ホピの女性としてやるべきことを学びます。また、この時にはホピの未婚女性が結う伝統的な髪型「ポリィ」をします。私も娘たちの儀式の時には、髪の毛を結い上げました。

私たちの村では、大人の女性はみんな娘たちにこの髪型を結ってあげることができます。私の村だけではなくセカンドメサにある村では、途絶えることなくずっと続いています。ただほかのメサでは、その習慣そのものが長年途絶えていました。でも、最近になって復活してきたと聞いています。

ホピの村の中には、伝統が途絶えかけていたところも多くあったので、ここにきて伝統が再び復興してきている兆しは喜ばしいことだと思います。

カチーナには精霊が宿る

ダレンス・チメリカ（Darence Chimerica）　カチーナ作家

《サードメサのアッパーモエンコピ村で生まれ、ホテヴィラ村でイニシエーションを受けたダレンス。彼とは、私がホピショップをオープンするにあたり、ジェラルドの紹介で知り合いました。彼にカチーナ作家としての思いを聞いてみました》

私は１９７９年に生まれ、アッパーモエンコピ村で育ちました。今でも両親はそこで暮らしていますが、私はその後ホテヴィラ村に引っ越し、15歳の時にこの村で儀礼を受けました。今もホテヴィラの神事に参加しています。ホテヴィラは伝統的な村なので、儀式にも昔ながらの力が残っていると思います。

ダレンス・チメリカ

私がカチーナ作家になろうと思い始めたのは17歳の頃だったと思います。自分が作ったカチーナをほかの人が求めてくれたことに喜びを感じたのがきっかけです。今でもわからないところは周囲の作家たちに聞いたり、互いに助け合ったりしながら作っています。

ホピのカチーナは、その姿に精霊が宿るものです。でも単にカチーナの姿を似せたからといって精霊が宿るものではありません。ホピの儀式に参加している人が作って、初めて精霊が宿るカチーナとなるのです。

儀式に出ない人が作ったものは、カチーナ風人形であって、カチーナではないのです。それはジュエリーも同じです。文様などをそれらしく作ると、一見、同じように見えるかもしれませんが、儀式に参加していない人が作ったものは、祈りの力が入らない、単なるアクセサリーです。やはりホピにとって、祈りの儀式はすべての原点です。

昔から変わらぬ伝統を今も受け継ぎ、トウモロコシを植え、儀式に参加して、カチーナを作る、という生活を一年通して行っています。

また、メサ（台地）の下にホテヴィラの村の牧場もあるので、放牧もしています。世代間で受け継ぎながらやっていますが、牧場の仕事はそんなにお金を得られるものではありません。ただ、儀式の時に牛を売ると少しお金の足しになるので……。やはり儀式が中心にある暮らしです。

自分の子どもたちにも、儀式やホピ語を大切にするホピらしい人になってほしいと思います。

私たちホピは、謙虚な態度で互いに助け合い、教え合い、家族を大切にし、地域の行事や儀式に参加して、自分も他人も傷つけない生き方を実践しています。地球上の人々が、みんなそうした生き方を選び、実践できたなら、真の平和な世界が訪れると思います。

そうなることを私は祈ります。

伝統アートを受け継ぐ者として

ダリーン・ナンペヨ（Darlene Nampeyo）　陶芸家

《ファーストメサの麓《ふもと》、ポラッカ村で暮らす陶芸家のダリーン。彼女は、ホピの古代陶器の文様を再現した高名な陶芸家、ナンペヨの血を引く6世代目です。彼女とは北アリゾナ博物館で行われたホピショーで、たまたま笑顔が印象的だった彼女に私の方から声をかけたのが出会いのきっかけです。有名な陶芸家とは知らずに出会いましたが、いつも最上の

笑顔で出迎えてくれるダリーン。伝統を受け継ぐものとしての心の余裕と覚悟のようなものを感じます》

私の母方はテワ族で父方はホピ族です。ホピの壺の歴史を変えたといわれるナンペヨの子孫で、5世代下になります。壺作りは母方の祖母レイチェルに8歳頃から習い始めました。私の母は4人姉妹で、ほかの姉妹は陶器作りを習っていましたが、母は勤めていて時間がなかったため、私は学校が終わるとすぐに祖母のところに行って陶器作りを教えてもらっていました。とにかく私は小さな頃から陶芸が大好きでした。

実は先祖のナンペヨ自身も同じだったようで、自分の祖母から陶器作りを習っています。大人になり、しばらくは自分のデザインで壺を作っていたようですが、ある日、メサの下に広がるホピのシキヤキ遺跡で陶器の破片を見つけて家に持ち帰り、それをもとに祖先たちが描いた壺の絵柄を再生して描いたのです。その壺の美しさを見た白人の商人たちが、彼女にたくさんの壺を発注しました。さらに、それを知った遺跡の発掘調査団がナンペヨに、遺跡にあった祖先たちの陶器の発掘と復元作業の協力を依頼したのです。このことから、壺作りの名手としてナンペヨの名が一気に世の中に広まっていったのです。

彼女が復元した絵柄は私たち子々孫々へと受け継がれています。

もちろん、陶器を作るのは私たち一族だけではなく、ファーストメサやポラッカ村にはたくさんの作り手がいます。でも、伝統的な陶器を作る人はかなり少なくなっていて、中には絵柄はホピだけど、土台の作り方は伝統とはかけ離れた簡単なやり方で作って売っている人もいます。それはホピの壺とはいえません。私たちの一族はやはり伝統を受け継いでいますから。一族の中でも名人といわれたのは叔母のデキストラです。今はデキストラのデザインは、その娘のエリカが継いでいます。

伝統的なホピの陶器は、すべて大地からいただいた材料で作ります。土も色付けも、絵付けも、絵筆に使う草ユッカも、陶器を焼くための山羊の糞や風もすべて自然のものです。そうした昔からの伝統的なやり方を忘れずにやり続けていると ころが、私自身の誇りでもあります。

ダリーン・ナンペヨ

形は自然に手が動くままに、何も考えずに作ります。でも、土をいただく時には母なる大地に祈り、焼く時には、火に祈りを捧げます。すべてに良い心を持って行わないと、良い結果にはつながりません。すべてうまくいっているように思えても、最後で気を抜くと壊れることもあります。やはり最初から最後まで、祈りの心を持って接することが大切なことだと思っています。

また、古い陶器を見てみると、ペトログラフ（岩に刻まれた線や絵）に描かれているような文様や、羊やバッファローの大きな角だと思われるもの、儀式を行っているような文様などもあります。おそらく呪術的、魔よけ的な意味合いもあったのかもしれません。古代文様をすべて読み解くことはできませんが、私たちの祖先が残してくれた古いデザインを生かしつつ、自分が感じる新たな文様も融合した作品を生み出していきたいと思います。

平和とは、気持ちが清々しくある状態ではないかと思います。どこに対しても誰に対しても争いの気持ちを持たず、自分の中が静かで穏やかな状態であり続けたいと思います。

クランマザーとして生きる

マーネット・クワニンプテワ（Marnette Quanimptewa）　サンクラン・マザー

《セカンドメサにあるションゴポヴィ村のサンクラン・マザーのマーネット。私は彼女のことを、彼女の家族と同じように「マー」と呼んでいます。マーの一家とは、家族ぐるみの付き合いとなり、彼女の家は今や私のホピにおける実家のような場所となりました。いつも太陽のような温かさで人を包み込むマーに、サンクラン・マザーとしての役割や、彼女自身の人生経験を語ってもらいました》

私は、この家の向かいの家であるサンクラン・ハウスの中で生まれました。当時、サンクラン・ハウスには、母と祖母、伯母も暮らしていました。私の母が姉妹の中で末娘だったのでこの家を継いだのです。

マーネット・クワニンプテワ

今は、セレモニーなどの料理を作る時に使い、一族みんなの家になっていますが、いつか末の妹が住むのではないかと思います。ホピでは、娘が家を継ぎます。その家に複数の娘がいた場合には、末の娘が継ぐのがホピのしきたりです。でも今、妹は遠くに住んでいるため、一族の誰が住むかはわからないというのが現状です。それでも、いつでもすぐに使えるようにサンクラン・ハウスはきれいに保たれています。

私はサンクラン・マザーなので、太陽を見て祈るのが大きな役割です。もちろん、細かなことでやらなければならないことが山ほどあります。

12月の冬至になると、精霊カチーナたちが村にやってくるので、すべてがうまくいくようにトウモロコシの粉を挽き、雪で作ったボウルに入れて準備します。また、男の人たちがカチーナダンスの準備をする手伝いをしたり、クランハウスを綺麗に保ったり、みんながお祈りしやすいように環境を整えたり……。とにかくやることがたくさんあります。

また、日食など太陽が陰ったりした時には、太陽が再生するよう、サンクラン・ハウスにある太陽のお面を太陽にあてたりします。

私が幼かった頃は、日食は太陽の死を意味し、曾祖母などは本当に太陽が死んでいくと思い、泣いたそうです。欠けた太陽が再び大きくなり形を取り戻すと、太陽の復活を祝し、赤ちゃんの頭髪などを洗って祝いました。その名残が、お面を表に出すという行事に繋がっています。

でも、私はホピの村でずっと暮らしていたわけではありません。小学校の1年生の頃、メサの下の牧場まで行き、そこからデイスクールに通いました。ホピ語の学校です。デイスクールを出た後は、姉と兄が通うホルブロックのミッションスクールに通いました。ナバホ族、ピマ族、スー族、アパッチ族などがいましたが、誰とも言葉が通じず、また白人の言葉もわからなかったので、とても嫌でした。

マーネットという名前は、母の知り合いのフランス人の名前から名づけられました。はじめは、突然マーネットと呼ばれても、誰が呼ばれているのかピンと来なくて……。返事をしないと叩かれ、ホピ語を話しても叩かれ、とにかくいつもよく叩かれました。ちなみに、私の幼少時代のホピ語の名前はハイオーマナ。ハイオーとはスパイダークランの名前で、クモの編む糸という意味です。私の祖母はベアークロークランですが、スパイダークランにも関係していたので、その名前がつけられました。

ホピの女として生まれたなら、少女は兄弟を、結婚したら夫や子供を、娘が子供を産んだら孫を助けながら生きる。これは死ぬまで終わらないホピの女性の役割です。私の祖母や母もやってきました。

またクランマザーとしての重責もあります。時折、私はなぜこのような大変なことをしなければいけないのだろう……と思うこともあります。でもそれはホピとして、この村で、このクランの女として生まれたものの「宿命」なのだと自分の心に語りかけます。

セレモニーの準備は大変ながらも楽しめているからいいのですが、儀式というものは、とにかくお金がかかります。でも、困った時には、ジュエリー・アーティストをしている弟が、いつも助けてくれます。彼はホピジュエリーを作って得たお金で、一族の儀式の助けをしてくれているのです。結局、私たちはさまざまなかたちで互いに支え合い、協力し合っているのです。

だから、私もみんなのために働くことが、私自身の幸せでもあるのだと思います。

伝統的な生き方の守り人

サンドラ・スーフー（Sandra Suhu）　カチーナ作家

《ホテヴィラ出身の女性カチーナ作家、サンドラ・スーフー。彼女を紹介してくれたのは、サンタフェのホピショップオーナー。日本でもホピショップが誕生したことを喜んでくれた彼が、「素晴らしいカチーナ作家を紹介するよ」と教えてくれたのがサンドラでした。女手ひとつでカチーナ作家として家族を支える彼女に、受け継いでいるホピとしての思いを話してもらいました》

私は、サードメサのホテヴィラ村で育ちました。しかしその間の約20年は学校へ行ったり、卒業後フェニックスで働いたりして村を離れていて、２００９年に村に戻ってきました。私たちの村は、伝統的な生き方の守り人だと思っています。伝統的な生き方の守り人とは、人として間違った方向に行かないように、代々伝統を受け継いでいくということです。

私の伝統的な生き方の基盤を築いてくれたのは、母方の祖父や祖母です。同じクラン、同じソサエティ（結社）に所属していたので、さまざまなことを教えてもらいました。私たちホピにとってクランというのはとても大切で、同族の結束があります。

ソサエティというのは、男女それぞれあり、ウーマンソサエティは女性の役割、例えば夫を支え、子供の世話をすることなど、女性としての生き方を学びます。メンズソサエティは、狩猟、農耕などのやり方を教えます。でも、今は女性、男性共にホテヴィラ村では、ソサエティは途絶えてしまいました。もしセカンドメサみたいにソサエティが続いていたら、おそらく若い世代にホピとしての役割や秘儀的なことを伝えていたと思います。

でも、私たちはクランの中で、ホピとしての生き方や基本的で大切なことを伝えているので、それはそれでとても大切なことだと思っています。古老たちが伝えてくれたホピ的生き方というのは、今でもしっかり続いています。

また、ホテヴィラ村は、外部の人たちに情報を出した村と思われがちですが、ホピ以外のものに予言を口外してはならないと考えていた古老たちも多く、私はそうした古老たちから教えを受けてきました。私たちの村に伝わる予言の話については、外部に伝わったものとほぼ同じですが、ロードプランの岩に書かれている絵については、解釈がそれぞれ異なるのではないかと思います。

私たちホピは、伝統的な知識と知性にあふれ、わずかな環境の変化もキャッチして、自然から送られるメッセージを受け取ることができる叡智をもっています。そして自分たちがどこから来たのか、そして今どのように暮らしているのかということを知っているのがホピです。

サンドラ・スーフー

大切なのは、お金や物質的豊かさではなく、この世に何かあったときに生き抜く力、例えば健康を保つための薬学的な知識や、心を豊かにするアート。お金ではなく、そういったものに価値を置く時代がまもなくやってくると思います。

ホピは誰かが困っていたら、どこの誰であれ、困っている人を助けます。そして謙虚で、他者から奪うことなく、自分も他人も同じように尊敬していくのがホピです。

私はそうしたホピに誇りを持ちますし、ホピ以外の人にもそうあってほしいと願います。

家族を大切に思う心から、平和が生まれる

アウリ・ロイ（Auri Roy）　２０１５年度のミスホピ／教師

《サードメサのホテヴィラ村で母親のサンドラ、双子の妹キースと暮らすアウリ。彼女は、２０１５年、ホピの女の子たちの憧れ、ミスホピに選ばれました。その時の心境や、ミスホピとしての貴重な経験を話してもらいました》

私は１９９５年生まれなので、『ミスホピ』に選ばれた時は20歳でした。２０１５年から16年までの1年間、ミスホピとして活動をしました。母に幼い頃からホピ語の大切さやホピとしての生き方、伝統の大切さなどを事あるごとに教えてもらっていたからこそ選ばれたのだと思います。

コンテストは、毎年7月の末に行われています。選ばれるために一番重要なことは、ホピの文化とホピ語の保存活動にどれぐらい貢献できるか、ということです。ホピ文化への深い理解や知性、ホピの女性としての能力、内面の美しさなどが審査の基準となり、ホピ語でのスピーチ、文化についての小論文、どれぐらい知識があるかなどをはかる面接があります。

ミスホピの仕事は多岐にわたっていますが、最も重要な仕事はホピの人々に言語の大切さや伝統の魅力を伝えることです。若い私たちがホピ語を話す姿を見せるということは、時代の影響でホピ語を話せない世代の人々に、自分もやってみようと勇気づけることでもあります。

もちろん、居留地以外のフェニックスやフラッグスタッフ、またはグランドキャニオンなどでホピ文化を伝えるイベントがある時には、民族衣装を身に着けて参加します。

アウリ・ロイ

ミスホピである1年間は、事あるごとに民族衣装を身に着けていました。白いブーツをはき、伝統的な髪型に結い上げて活動し、ホピの伝統的な女の子のスタイルを多くの人に知ってもらうのが目的です。

これは本当に素晴らしい経験ができたと思います。現在、私は教師をしているので、子どもたちと日々接していますが、子どもたちにも誇りを持ってホピ語を使ってほしいと思います。

それから、私たちは平和の民と呼ばれていますが、最大の平和は家庭の中にあると思います。

家族を大切に思う心からしか平和は訪れません。家族が互いに思い合い、助け合い、その心が周囲に広がって、はじめてすべてが平和になるのだと思います。

母をいたわるように大地をいたわり、他者の心をいたわる

オーガスティン・モア（Augustine Mowa）　メディスンマン

《ションゴポヴィ村出身のオーガスティン。彼は、薬草の知識を持ち、心身共に癒やすことができるメディスンマンです。彼との出会いは、ホピの友人の畑を手伝いに行った帰り、彼が子どもたちに薬草の知識などを教えているところにバッタリ遭遇。友人から、彼が大勢の村の子どもたちに薬草の知識やホピ語を教えていることを知り、私たちのホピショップで、彼の活動が継続できるよう応援し支えるプロジェクトを実施することになりました。そんな縁から、彼と長い付き合いが続いています。メディスンマンとしての思いを語ってもらいました》

私は、寄宿舎に入っていた頃から、ホピの儀礼などに参加して、宗教的指導者たちからホピ的生き方を教わってきました。それは今でも続いていますが、私の仕事を一言でいえば、多くの人々が見失ってしまった、ホピ本来の生き方を取り戻すためのお手伝いの仕事です。

例えば私の畑では、多くの子どもたちに農作業を教えています。

残念なことに多くの人々が、今は生命のサイクルを忘れています。農作物、植物を植えるということはとても神聖なことです。そして植物を育てるということと、子どもを育てるということは本当に似ています。

植物も子どもも、彼らはとても神聖です。まさに母なる大地からの贈り物ですから、大切に取り扱わなければなりません。母なる大地に感謝と敬意を払わなければならないのです。

生命のサイクル、人生のサイクル、そして命は母なる大地を通じて繋がり、循環していくということを、植物や子どもたちの姿を通して、私たち大人は教わるのです。

オーガスティン（右）、デヴィッド（左）と筆者

私の父もメディスンマンでした。それも未来を見る能力や強力な力を持ち、人を助ける仕事をしていたのです。

幼いころから父の姿を見て、また学んできました。

兄弟は7人。女姉妹が3人と男兄弟が4人

です。その中で、私と弟のデヴィッドの2人がメディスンマンの仕事を引き継いでいます。

説明するのは難しいのですが、成長したある時、何か直感のようなものが私に降りてきて、私の父がそれを見出しました。それから本格的にメディスンマンとしての勉強をすることになりました。

また、男の成人の儀式に入る時、祈りの羽を作ってくれた儀式上の父も、私がメディスンマンの仕事を引き継げるよう祈りを捧げてくれました。いろいろな経緯があって、私も弟もメディスンマンになったのです。

オーガスティン・モア

私と弟のデヴィッドは、清めのセージの作り方や植物の育て方を教わりながら、父から人々を助けることができる人間となるよう、教えられました。ですから、今もお互いに尊敬し合いながら、信頼し、助け合っています。

メディスンマンとしての具体的な仕事は、それぞれの症状に応じて、改善させることです。必要な人には手で癒やしたり、外で摘んできた薬草を調合して傷を治したり病を治したり、また自分たちで作った薬を販売することもあります。薬草は母なる大地から得たもので、母なる大地から生まれた人間を癒やすこともできるのです。

セレモニーの時には、私がプレイヤーフェザー（祈りの羽根）を作って祈りを捧げることも役割の一つです。

また、2000年から、次世代のホピの子どもたちに薬草の知識やホピ語などを教える活動も始めています。今は、車でスーパーに行けば食べ物も、薬も手に入ります。しかし私たちの祖先はこの大地でずっと生きてきています。植物の育て方や、自生する薬草の知識を知ることは、とても大切なことだと思っています。

子どもたちの中から、次のメディスンマンになる子が現れるかは、わかりません。でも、子どもたちはみんな純粋であり、それぞれに大きな可能性を持って生まれてきます。大きくなっていくうちに自分の才能を使う方向性を決めていきます。それは自分で決めるものです。どんな道に進もうと、自分が生まれ育った大地を知っていることは大きな力になります。

私自身はこの仕事を選びました。人を助けることを自分の仕事とすることは大変です。朝も夜も関係ないですから。でも、信頼してくれて助けを求めてくる人がいるなら、それに応える必要があります。それと毎日の鍛錬が必要です。

なぜなら私たちの本当の役割は、多くの人たちに真実の目を開かせて、魂を起こすことで、それが一番の仕事だからです。

世の中はバランスが崩れると、状況はどんどん悪い方向へ進み、人の心もどんどん悪い方向へ向かいやすいものです。お互いの人間の価値を忘れ、嫉妬や恨み憎しみが渦巻き、真でない世界になってしまう。だからそうならないために、私たちにはやるべき仕事があるのです。

ホピには真の豊かな暮らしがあり、それが現代社会においても今なお続いています。美しい大地に清浄な空気。バランスの取れた世界があります。

地球上、すべての人が自分の母をいたわるように、この大地をいたわり他者の心をいたわってほしいと思います。それが平和な世界です。

そして、そのような世界になるよう働くことが私の仕事でもあります。

ホピの大家族

かけがえのないホピの友人たちと

②ホピの予言

「ホピの予言」は、創造主がホピの人々に語った話とも、大精霊マサウが語った話ともいわれています。一般的に知られている予言は、かつて一部の長老たちによって国連（国際連合）で語られ、さまざまなメディアを通し、世界に発信されたものです。

ただ、ホピ全体で見たとき、予言の内容が人によって解釈が異なっていること。また今も伝統的な暮らしをしている人々の中に「ホピの予言」を表に出すことは、創造主の意志に反すると思っている人々もいて、「ホピの予言」は難しい問題をはらんでいます。

ただ「ホピの予言」の中で「母なる大地の内臓（ウラン）をえぐってはならない」という言葉があり、「広島・長崎での原爆に繋がる予言」もあること。さらに未曾有の大災害となった福島の原発事故を省《かえり》みて、「ホピの予言」を改めて知る必要があるのではないかと思います。

そこで、さまざまな弊害を乗り越え、予言を表に出したかつての長老たちに敬意を払い、ここに、ホテヴィラ村の故ダン・エベヘマ長老が語った『ホピの予言』から一部抜粋したもの、さらにマーティン長老（前出）から、かつて私が直接聞いた『ホピの予言』をいくつかご紹介したいと思います。

ホピの予言

★我々の土地に新参者の群れがやってくる。それらをホピはバハナ（白人）と名付ける。

バハナは、先住民の大地を奪い、先住民の生活を攪乱《かくらん》させ、やがて大地と大自然すらも攪乱させるであろう。抵抗すれば武器を持って襲おうとしてくるだろうが、未来のために一部は存続していくだろう。

やがて彼らは独自の王国を作り、その王国の蔦《つた》はやがて大地全体に張り巡らされ、途中にあるなにもかもを汚し破壊していくだろう。

★空の道ができるだろう。（飛行機）

★馬のいない馬車が現れ、人はくもの糸を使い、話ができるようになる。（車や電話）

★人と指導者の生活は、強欲と権力によって汚染され、誠実さと忠実さは衰え、それが子どもたちにも影響していくだろう。

★人間の精神が欺かれ、賢者の言葉が無視される時代が来るだろう。

★人類は母なる大地の内臓（ウラン）を決してえぐり出してはならない。

★母なる内臓をえぐり出したならば、やがて人間は「灰のひょうたん」を造り、空から落とされる時が来るだろう。海は沸騰し大地も人も瞬時に焼き尽くされ、その後、大地は長い間不毛のものとなるだろう（原爆）。それが行われた時は、同時に大いなる清めの日が近づいてくる前兆となる。（清めの日とは、第４の世界の終わりという意味）

★また、それが起きたとき、人間は自分自身、指導者も一個人も考えを改めるよう警告される。さもなければ、すべての生命が滅びかねない状況に陥る。

★第4の世界の終焉の予兆は、自然災害の多発である。

★地球規模の大災害となる大いなる清めの日がやってくる。いつやってくるかは創造主の計画により人間に知らされることはない。しかし、その日までの人間の考え方や行いの変動によって、その内容も未来も異なってくる。

◆ホピの大地と広島・長崎の原爆材料ウランについて◆

「ホピの予言」中で、「母なる大地の内臓をえぐり出してはならない」という一文と、「灰のひょうたん」というフレーズが出てくることから、広島・長崎の原爆の材料となった「ウラン」は、ホピの大地から採掘されたと勘違いしている人が多くいるようです。結論から先に書くと、日本に落とされた原爆に使われたウランは、ホピの大地から採掘されたものではありません。

第2次世界大戦中、マンハッタン計画と呼ばれる原爆製造で、実際に集められたウランのほとんどは、当時ベルギー領だったアフリカ・コンゴの「シンコロブエ鉱山」で採掘されたもので、他にカナダの北極圏にある「グレート・ベア・レイク鉱山」で採掘されたものが使用されています。資料によっては、東ドイツとチェコの国境エルツ山地の「ヨアヒムスタール鉱山」、並びにアメリカ・コロラド州の「カルノー鉱山」で採掘されたものも含まれると書かれているものがあります。ただ、どの原爆関連の書籍や資料にも、ホピの地名や、ホピの大地に連なるブラックメサの鉱山（ナバホ居留地）の明記はありません。念のため、原水協（原水爆禁止日本協議会）にも問い合わせましたが、マンハッタン計画の中のウラン採掘に、ホピに関連した土地の名は聞いたことがない、という回答でした。

ただ、ある資料の一部に「他のアメリカ鉱山のものも材料検討されるが質が悪く不採用」というものがありました。ホピと隣接するナバホ族の居留地には、今も数多くのウラン採掘所が点在しています。広島・長崎の原爆に使われなかったとしても、ウラン採掘という危険にナバホの人々がさらされている事実に変わりはありません。ニューメキシコ州のホワイトサンドでは、広島・長崎に投下された原爆の実験が行われています。また、マンハッタン計画で、原子爆弾の製造を目的に設立され、現在も核兵器開発を行っている「ロスアラモス国立研究所」は、ホピの居留地から車でわずか5時間という距離にあります。

ホピの人々は「母なる大地の内臓」をえぐり続けている人類に、最後の警鐘を鳴らし続けているのでしょう。

「ホピの予言」の中では、第4の世界の終焉は、戦争で迎えるというものもあります。現在も世界の多くの国が、核開発を続けています。核戦争がひとたび起これば、人類滅亡、地球崩壊というシナリオが待っています。

「ホピの予言」は、私たちを単に恐怖に慄《おのの》かせる終末思想ではなく、私たちが人間らしさを取り戻すための言葉であると私は信じています。

3 エピローグ　次の世代へ何を伝えていくのか

ホピに通うようになって16年目の春。思いもよらないタイミングで、私は突然、日本初となるホピ族の専門店を運営することになりました。本当にそれはミラクルな出来事でした。

近所の知り合いから、新たに誕生する店舗で何かできないか、という話がやってきて、信じられない勢いで事が動き、わずか３日で開店資金全額が集まり、ホピの友人たちは、店を開くのに十分なカチーナやジュエリー作家たちを紹介してくれたのです。

日本の友人や家族、そしてホピの友人やファミリーたちのお陰で、話が浮上してからわずか2か月で『Ｈｏｐｉショップ「Ｓｕｎ＆Ｒａｉｎ」』はオープンしました。

その準備の途中で、それまで縁がなかったホピ政府の文化局を訪問することになり、そこで文化局次長のリーから「ホピの店を日本で開くのなら、ここにホピとは何か、といったことが書かれている文章がありますから、読むといいですよ」と一枚の紙を手渡されました。

それは『A　HOPI（ホピとは）』というタイトルのものでした。内容は最後にご紹介しますが、本当にそれは、心に響く素晴らしいものでした。その言葉の最後に、「ションゴポヴィ村・キクモングヴィ（チーフ）、キョヤホンニワ」という署名がありました。そこで、できることならこの文章を書いた人物に会ってみたいと思い、リーに聞いてみたのですが「昔の人ですから」という返答でした。ションゴポヴィ村の何人かの友人に尋ねてみても、誰もキョヤホンニワという人物は知らないというのです。「彼は、きっと古代の人だよ」という友人もおり、この人物と会うのは不可能なのだな、と諦めていました。

ところが、その紙をもらってから2年後。メディスンマンの友人、オーガスティンと話をしていた時、何かのきっかけで『A　HOPI』の話が出たので改めて聞いてみると、彼は「それを書いたのは、私のお姉さんの旦那さんだよ」と言うのです。署名してあったキョヤホンニワという名前は、普段は表に出すことがない特別なホピ名で、家族以外その名を知る人はほとんどいない、ということでした。『A　HOPI』に、どれほどの思いが込められていたのか、その話から容易に想像がつきました。

オーガスティンが連絡をしてくれて、キョヤホンニワに会える日がやってきました。彼が普段使っているのは、スタンフォードという名前でした。彼は、これまで私が会ってきた、どの人物よりも日本人に近い容姿でした。家の中に案内されて、ひとしきり色々なお喋りをした後、私はいよいよ本題である『A HOPI』を書いた経緯について質問しました。

彼の話によると、最初に書いたのは、職場にいた同僚のために、ということでした。町で生まれ育った同僚の女性は、ホピの村に戻った後、どのようにしてホピとしてのアイデンティティーを保てば良いのかがわからず、苦しんでいたそうで、上司であった彼に何度

スタンフォードと「A HOPI」

も「ホピとはどういう人のことをいうの？」と質問をしてきたというのです。そこでホピとは何か、ということを詳しく綴ったのが『Ａ　ＨＯＰＩ』の文章だということでした。読み終えた女性が「自分もこのようなホピとして生きていきたい」と言ってくれたことがきっかけとなり、彼は、ホピの村で生まれ育った多くの若者たちにも「ホピとは何か？」と質問してみたそうです。しかし、誰一人として答えられませんでした。

この現実をみて、これではホピがなくなってしまうのではと危機感を覚え、この言葉を公表することにした、ということです。

そして、彼は次のように語ってくれました。

＊＊＊

自分たちはどこからきて、一体何者なのか、それを説明できない部族は滅びます。

私たちは常に学び、そして次の世代へ伝えていくことが必要なのです。

世界のどこへ行こうとも、友達になった人々に自分が何者であるかを説明できることが重要です。

ホピとは、本来は「叡智を兼ね備えた人」という意味なのです。

人は人生を通じて、良いも悪いもさまざまな経験をしますが、そこから何を学ぶかが大切なのです。ホピでは生活や儀式を通してさまざまなことを学びます。互いに出会う人たちすべてを先生とし、一人前の人間となっていくのです。

私たちは誰しもが、創造主が創られたそれぞれの魂を持って生きています。すべての人は、それぞれに自分の人生の経験を通じて、叡智の力を受け取り、未来をより良く生きるための選択をすることができるのです。

ホピには、他者を押しやって独占するような排他的な考えはありません。誰をも喜んで受け入れます。互いに学び合い精神的に高め合う、心の豊かさに価値を置くのがホピ的な考え方なのです。

そして、こうした精神はホピに限らず、より良く生きるための、世界に共通する考え方だと思っています。国など関係ありません。人間はよりよい人間へ進化することも、より良い未来を選択することもできるはずです。

人を傷つけないこと。お互いに助け合うこと。一人はみんなのために、みんなは一人のために。そして美しい言葉を使うこと。話す時には低い声で静かに話し、人を罵ることはしない。

そういったことを、私たちは子どもの頃に古老から学び、そして叡智によって正しい方向へと歩んできました。子どもは、それらを実践する周囲の大人たちを見て、機会があるごとに正しい人としての在り方を学んでいきました。

自分に正直であることも、とても大事なことです。
自分に嘘をつきながら生きる人は、悲しい人です。

そして、次のことを常に考えることも重要です。

1、自分の心の幸せについて

2、一生を共にする自分の体、健康について

３、未来を選択する叡智について

私たちは美しい世界に住んでいます。美しい大地、そして心豊かで創造的な人々、私たち人間は創造的な美を生み出すことができます。

それは、ホピに限ったことではなく、どこでも誰でもがそうなのです。

私たちは、自分たちの力を最大限に生かして、それぞれの大地にあるものを使い、さまざまな美しいものを創り出すことができるのです。

＊　＊　＊

私は、彼が語る美しい言葉に魂が揺さぶられました。

次のページでスタンフォードさんがホピの次世代のために綴った『Ａ　ＨＯＰＩ』をご紹介します。冒頭はすべて「ホピとは」という言葉で始まりますが、「人間とは」と置き換えてもいいように思います。まさにこの言葉の中に目指すべき「人」の姿が集約されているように、私には思えます。

A HOPI（ホピとは）

ホピとは──

大地への祈り、先祖からの教え、そして自らの体験を通じて得ることができる本当の強さと叡智に対して、一生をかけて探求していく努力を怠らない者のことである。

探求することによって、命への本当の理解が深まり、鷲のような自らを俯瞰できる目線を獲得し、社会においての自分の役割、そして聖なる命の循環についても謙虚に、思いやりをもった態度で臨むことができるのだ。

ホピとは──

個人の満足や利益よりも、社会やコミュニティなど、みんなの幸福に繋がることに重きを置く者のことである。

ホピとは――

カヤヴィシ（Kyavtsi）を理解し実行する者のことである。

カヤヴィシとは、宇宙の法則に対して最高の敬意を払い、創造主が定めた宇宙の秩序や循環、そして自然界にさまざまな現象として現れる創造主からの教えを、勝手にねじまげたり、妨げたりしないという意味である。

ホピとは――

スミナングワ（Sumi'nangwa）を理解し実行する者のことである。

スミナングワとは、社会に対して価値あることで貢献したいという強い思いと覚悟を胸に、社会全体のためになるような活動を、お互いに協力しあいながら行うという意味である。

ホピとは――

ナミナングワ（Nami'nangwa）を理解し実行する者のことである。

ナミナングワとは、お互いに助け合い、必要な時には、頼まれなくとも他を助け、その見返りを求めないという意味である。

ホピとは――

ヒタナングワ（Hita'nangwa）を理解し実行する者のことである。

ヒタナングワとは、誰かから指示されたり、頼まれたり、気にもされていなくても、自ら進んで物事を引き受け、誰かがそのことに気づくかどうかにかかわらず、良い変化をもたらすことに積極的に取り組むという意味である。

ホピとは――

パシナングワ（Pasi'nangwa）を理解し実行する者のことである。

パシナングワとは、慎み深さ、忍耐、思いやりなどのことであり、それは、物事に意見する前に、慎重かつ徹底的にそのことについて内省し、考えることで、得られるということを知っている者のことである。

ホピとは――

人間が幸せで健康で自立した生活を送るために必要なことは、創造主がすべて与えてくださっているということを、理解している者のことである。そして共存する、あらゆる命の循環の中に、自分が生かされているということを知っている者のことである。

ホピとは――

夢を実現するためには、ただ願いを祈るだけではなく、心の底から覚悟し、その夢や目標を達成するまで、こつこつと働かなくてはならないということを理解している者のことである。

ホピとは――

社会や家族、コミュニティの中で、役割や活動に参加し、自分の働きが、社会や人の役に立ったという時にこそ、大きな達成感と充実感が得られるということを理解している者のことである。

ションゴポヴィ村 チーフ　**キョヤホンニワ**（ホピ名）

ホピの人々とふれあうたび、なぜ、これほどまで心が温かく穏やかな気持ちになるのだろうと思っていました。そして、それは、彼らが人間らしい人間だからだ、ということに改めて気がつきました。この「人間らしい人間」という言葉とまったく同じ意味を表す、アイヌ語の「アイヌ　ネノアン　アイヌ」という言葉も思い出しました。

世の中がどれほど、本来の人間らしさを失った状況に陥ろうとも、一人ひとりが、本来の人間らしさを取り戻し、それを実践していくことができれば、未来は大きく変わる、ということも、彼らと話していて強く感じています。

未曾有の大災害となった２０１１年3月11日の東日本大震災。その年の秋、高野山でダライ・ラマ法王のお話を聞く機会がありました。その折、原発事故について私たちは、どのように考えたら良いかという質問に、法王は次のようにお話しされました。

「今回の放射能被害は、途方に暮れるほどの問題です。でも人間が作り出した困難、災難は、必ず人間が解決する道を見つけ出せるのです」

前記していますが「ホピの予言」の中に、広島・長崎の原爆について触れた内容が伝えられています。「人類は母なる大地の内臓（ウラン）を決してえぐり出してはならない」という書き出し通り、私たち日本人は、予言通りの過酷なほどの痛手を負いながら、自分たちも母なる大地の内臓を安易に利用し、そのしっぺ返しのように命の危機に怯え……。それでもまだ、母なる大地の内臓を使い続けようとする愚かな民です。

でも、私たち日本人の中には縄文時代から続く力強い魂が宿っているのです。私たちのスピリットが蘇れば、人間らしい人間に戻り、豊かな未来を次世代に受け渡すことは可能なことだと私は信じています。

平和の民は、ホピのみならず。世界中、平和を愛するものすべてが、平和の民なのです。

あなたも、平和の民なのです。

あとがき

縁とはつくづく不思議なものです。ホピの大地へ最初に辿り着いた時には、人生、最初で最後の訪問だろうと思っていました。しかし、よほど縁があったのでしょう。それから20年余り。今では年に数回、ホピの大地に通い続けています。決して近いとはいえない距離なのでしょうが、私にとっては、さほど遠くには感じません。飛行機を乗り継ぎ、乾いたアリゾナの砂漠地をひたすら真っすぐ走り抜け、聳え立つホピのメサを見ると、私は故郷に戻って来たような安堵感に包まれます。断崖絶壁からの風景、独特な岩肌の色、大地を吹き抜ける風の音や匂い……どれも心地よいのですが、やはりなんと言っても一番好きなのはホピの人々です。心優しく穏やかなので、これまで一度たりとも喧嘩する姿を見たこともなく、怒鳴り合う声も聞いたことがありません。本書で紹介した友人たちの他にも、紹介しきれなかった友人たちも大勢いますが、彼らと接するたびに、人とは、本来このようにあるべきなのだろうと学ぶことばかりです。そして彼らの豊かな感性や芸術性、そして霊性の高さにも驚かされます。

時折、砂漠地という過酷な環境の中で暮らすアメリカ先住民、というだけで貧しい暮らしをしている人々と勝手に想像する人がいます。でも、私は彼らに貧しさを微塵も感じません。もちろん経済的にゆとりがあるというわけではなく、皆、懸命にそれぞれの得意分野で働いています。ただ、それは本書冒頭にも書いたように、個人的に物質的な豊かさを得るためではなく、世界の平和に繋がる儀式を続けるためであり、皆が健やかに生きていくためです。

ホピの8割の大人たちは、カチーナやジュエリーなどのアート作品を生み出す作家であり、収入源のほとんどは、そうしたホピアートから得ていることも、長年の付き合いの中で知りました。通い始めて数年は、自分や周囲のためにホピアートを購入していましたが、どうしたら、より多くの人に、ホピのこと、そしてホピアートのことを知ってもらえるか、ずっと考えていました。そのような思いが天に通じたのか、２０１４年には、ホピアートの専門店を日本で初めてプロデュースすることもできました。

ホピというと「ホピの予言」という言葉がすぐに出てくるぐらい、日本では「ホピの予言」が有名です。確かに日本の原爆に繋がる予言もあることから、日本人にとっては彼らの予言の言葉は、肝に銘じる必要はあると思います。ただ、「平和の民」として生きているホピの人々のことが、あまりにも知られていないのが現状です。彼らは、予言に従って生きているわけでもなければ、神話の中を生きているわけでもなく、今を生きています。自分たちが何者であり、どこからやって来て、何を目的に生きるのかを明確にしながら、平和の民として誇りをもって生きています。

実は本書の執筆が終わった後も、肝心の書籍タイトルがなかなか決まらず、徳間書店の編集担当者である橋上祐一さんと何度も協議を重ねていました。そんな中、橋上さんが「タイトルは、シンプルに『Ｈｏｐｉ』にして副題を「平和の民」から教えてもらったこと、というのはどうでしょう」と提案してくださった時、まさに、私が本を通じて伝えたかったことはそれなのだ！　と腑に落ちたのです。橋上さん、素敵なタイトルを付けてくださって、ありがとうございます。また編集全般について多大なるご尽力を賜りましたこと、心よりお礼申し上げます。それから、「ホピの本、ぜひ世の中に出すべきです」という言霊と共に、徳間書店の橋上さんをご紹介してくださった一凜堂の稲垣真由美さん。ご縁を繋いでくださり本当にどうもありがとうございました。お陰様で本ができ上がりました。

そして、本書を書くにあたり2年間、現地での運転、通訳、書籍の翻訳までして共に走ってくれただけではなく、本業の絵描きとしても、書籍中のイラストを全部描いてくれた、あさい享子さん。あなたの存在なくして、本書は世に出ませんでした。心の底から感謝いたします。また、ホピの本なら、この人以上の装丁のデザインができる人はいないだろうと思った、デザイナーのタナカアキコさん。度重なる変更に根気強くお付き合いくださったお陰で想像以上の素晴らしい装丁となりました。素敵なデザインに仕上げてくださり、本当にどうもありがとうございます。

最後に、ホピの大切な友人の皆さん。本書を出すにあたり、快くインタビューに答えてくださったり、本来は禁止されている写真撮影並びに掲載を快く承諾してくださったり、さまざまなシーンで応援してくださったことが、何よりの励ましとなりました。既にカチーナとなられたマーティンさん。ビクターさん。あなたたちと出会えたことは、私の生涯の宝ものです。

すべてのホピの人々、そしてここまで導いてくれた精霊カチーナたちに、感謝を込めて。

天川　彩

２０１８年9月吉日

means to have the initiative to take care of something without having to be instructed, asked or reminded, regardless if anyone will notice your effort, but that it will make a difference;

A HOPI is one who understands that "Pasi'nangwa" means to have characteristic qualities of humility, modesty, patience, etc., and to possess the ability to think things through carefully and thoroughly before reacting to and voicing opinion on issues;

A HOPI is one who understands that the creator has provided all the necessary things needed by a all living being to co-exist here, including the means by which the human race can achieve a happy, healthy and self sustaining life;

A HOPI is one who understands that to realize a dream come true, one must not only pray for his or her desires, but also must make a sincere commitment and work diligently to pursue the dream(goal) until it is achieved.

A HOPI is one who understands that the greatest feeling of accomplishment and fulfillment of one's individual participation in the society/community functions and activities is knowing that your contributions have resulted in benefits to the community and its people.

Qoyahongniwa, Songoopavi kitsoki, 1995

A HOPI

A HOPI is one whose lifetime quest is to gain strength and wisdom through prayer, education and experience, to acquire a practical and spiritual understanding of life in general and to acquire the ability to address life circumstances and community needs from an Eagle's viewpoint with a caring attitude and humility;

A HOPI is one who places the society's and /or community's interest and benefits above individual and personal interests and gains;

A HOPI is one who understands that "Kyavtsi" means to maintain the highest degree of respect for and obedience to the moral standards of ethics, so as not to knowingly abuse, alter or oppose the progressive order, cycle of nature and the sacred manifestation of the creator's teachings;

A HOPI is one who understands that "Sumi'nangwa" means to come together to do things for the benefit of all, out of a compelling desire and commitment to contribute or return something of value to the society;

A HOPI is one who understands that "Nami'nangwa" means to help one another (or give aid) in times of need, without having to be asked to do so and without expecting reward /compensation for the deed;

A HOPI is one who understands that "Hita'nangwa"

参考文献

『ホピ神との契約――大地といのちの護りびと』（トーマス・E・マイルズ、ダン・エヴェヘマ著、林陽訳／徳間書店）
『ホピ宇宙からの聖書』（フランク・ウォーターズ著、林陽訳／徳間書店）
『ホピの聖地へ――知られざる「インディアンの国」』（北沢方邦著／東京書籍）
『ホピの太陽』（北沢方邦著／研究社出版）
『アメリカ先住民の宗教』（ポーラ・R・ハーツ著、西本あづさ訳／青土社）
『アメリカ先住民を知るための62章』（阿部珠理編著／明石書店）
『環太平洋先住民族の挑戦』（原田勝弘、下田平裕身、渡辺秀樹編著／明石書店）
『ナバホへの旅たましいの風景』（河合隼雄著／朝日新聞社）
『スピリットの器――プエブロ・インディアンの大地から』（徳井いつこ著／地湧社）
『ホピ銀細工――ネイティブ・アメリカンの美術工芸品』（マーガレット・ライト著、仁井田重雄訳、岡山徹監訳／バベル・プレス）
『原子爆弾の誕生』上・下（リチャード・ローズ著、神沼二真、渋谷泰一訳／紀伊國屋書店）
『私は世界の破壊者となった』（ジョナサン・フェッター・ヴォーム著、内田昌之訳、澤田哲生日

本語版監修／イースト・プレス）

『届かなかった手紙＝The Letter Not Received ——原爆開発「マンハッタン計画」科学者たちの叫び』（大平一枝著／KADOKAWA）

「米大陸最初の人類」『ナショナル　ジオグラフィック日本版（２０１５年1月号）』（グレン・ホッジズ文／日経ナショナルジオグラフィック社）

『Journey to Hopi Land』（Anna Silas/Rio Nuevo Publishers）

『Yee se'e』（Hopi Cultural Preservation Office）

『Kachinas: A Hopi Artist's Documentary』（Barton Wright, Bahnimptewa Clifford/Northland Press）

『Kachinas: Spirit Beings of the Hopi』（Neil David, J. Brent Ricks, Alexander E. Anthony Jr/Avanyu Publishing, Inc.）

『Hopi Kachina Tradition』（Alph H. Secakuku/The Heard Museum/Northland Press）

天川　彩（てんかわ・あや）

作家・プロデューサー
北海道生まれ。大手音楽プロモーション会社、新聞社系情報誌記者等を経て、1996年ラジオドラマシリーズ(朝日放送)で脚本家デビュー。

自然派プロデューサーとして数多くのイベント等を手がけ、また作家、コラムニスト、映像監督、フォトグラファーとして多岐に活躍。

1998年自然の叡智と命の尊厳をテーマとした企画事務所「オフィスＴＥＮ」を設立。

2014年アメリカ先住民ホピ族の日本初となる専門店『Hopiショップ Sun&Rain』をプロデュース。

著作にはベストセラーとなりドラマ・映画化もされた小説『タイヨウのうた』（坂東賢治原案、ソニーマガジンズ）や『ひ、ふ、み、の空』（PHP研究所）、『熊野その聖地たる由縁』（彩流社）等がある。

オフィスTEN　http://www.office-ten.net
Hopiショップ　http://www.hopi-japan.com

精霊カチーナとともに生きる
HOPI ホピ
「平和の民」から教えてもらったこと

第１刷　2018年９月30日

著　者　天川　彩
発行者　平野健一
発行所　株式会社徳間書店
〒141-8202　東京都品川区上大崎３-１-１
目黒セントラルスクエア
電　話　編集（03）5403-4344／販売（048）451-5960
振　替　00140-0-44392
本文印刷　本郷印刷（株）
カバー印刷　真生印刷（株）
製本所　ナショナル製本協同組合

ISBN978-4-19-864685-1